逆転の経営戦略

株価至上主義を疑え

ヴェンデリン・ヴィーデキング 著
相原俊樹 訳

二玄社

逆転の経営戦略

目次

はじめに

　ポルシェの現役社長の本？　本など書いている場合なのか？　中身は、立て続けに収めた成功談か、今後の輝かしい展望か？　それとも欧州最大の自動車グループ、フォルクスワーゲンへの経営参画で浴びた、トゲのある批判を切り返す内容か。この社長にきりきり舞させられたポルシェの上層部は、絶望に首を振るしかなかったらしい。きっと自分を褒め称える台詞と、「君たちは自分のやっていることがまるでわかっていない」というお説教で溢れんばかりの本だろう。

　この本を手に取ったあなたが、ちょっと意地の悪い考えを思い浮かべたとしても無理はないかもしれません。しかし本書は、決して他の意見を鼻であしらおうとしたものではありません。まったく逆の気持ちで記しました。今でもまざまざと覚えている、ポルシェが破綻の瀬戸際にあったあの苦難の時期を思えば、現在の私の立場は十分以上のものです。

当時私は、明日は来るのか、家族の幸福はどうなるのかと不安におののく従業員と、真正面に向き合い、きわめて辛い決断をいくつか下さねばなりませんでした。そのプロセスは謙虚さというものを身をもって知ることに他なりませんでした。

私はまた、ポルシェ流のやり方をそのまま模倣すれば、経営陣やビジネスマンは繁栄への道を拓くことができる、などとは言いません。ポルシェは厳格で不変の法則を定めたわけでも、成功への究極の定石を発見したわけでもないのです。成功にいたる道は幾つもあるもので、企業経営陣は自分たちに最も相応しい道を見つけることを求められています。

ポルシェが成功できたのは、何か謎めいた秘密があったからではなく、なによりやる気に満ちた社員たちによる懸命の努力の賜物なのです。時には、幸運の女神は勇者に味方するという諺のとおり、予想もつかないまま決断を迫られ、結果的に幸運に恵まれたこともありました。しかしこの成功は、組立ラインに立つ人も、重役会の一員も、皆、自分たちの製品と一心同体となって、努力の末に掴んだものなのです。

私たちは本に値する多くの経験を積み、数は少ないですが、基本的な原則を会得しました。たとえば社内に不安が充満しているのに、息つく間もないほどの短期間で利益を上げなければならない、そんな状況に頼れるこれらの原則には、これ以上高く評価できないくらいの価値があると自負しています。

この世で、利潤がビジネスの本質的なファクターであることは否定できない事実であり、異論を唱えるつもりはありませんが、しかしそれがすべてではない。手っ取り早く黒字に転ずる手段は、コストカットがすべてと限定しないでください。企業たるもの、長期的なターゲット、あるいは会社の未来像を常に視野に置かねばいけない。そして、これらすべてを熟考し、決断を下すキーパーソンは、株主ではなく、顧客です。また、企業は政治的にも活発な役割を演ずるべきです。そして社会から信頼を得るには、自らの行動に一点の非もあってはなりません。今、企業には社会的な責任をはっきり具体的に示すこと、すなわち、従業員に対する責任（自明のことですが）はもとより、広く社会に対する責任をまっとうすることが求められています。それを念頭に置いてきた私には、フォルクスワーゲンの株主になる際に浴びせられた、「典型的なドイツ流解決方法」との批判には、当惑せざるを得ませんでした。

私たちは、「グローバリゼーション」という言葉が、ありとあらゆるものに批判として振りかざされる時代にいます。それだけにこの本に記した原則、すなわち、企業の価値が根ざすべき点を大切にしなければならないと考えています。

サッカーの試合でときどきお目にかかる結末をご紹介しましょう。試合終了のホイッスル数秒前、まったくの幸運によりチームは一対〇で辛勝した。試合後の記者会見で、監督は胸を張り、「私が練りに練った戦略の理論的な結果ですよ。今日の選手はその戦略をよく理解してくれて、一〇〇パーセント満足しています」
私はこんな結末、ごめんこうむりたいものです。

ヴェンデリン・ヴィーデキング

第一章

胸を張って進め

なぜ今こそ企業が行動を起こす時なのか

夜半から天候は悪化していた。夏場には素晴らしい晴天が何日も続いたというのに、九月のこの日、パリは例年になく冷え込み、気温は一〇℃をようやく越えるくらいしかない。厚い雨雲が空を覆い、路面は濡れている。早朝の薄い光の中、一台のトラックが凱旋門の立つ巨大なロータリーに入って来て停まった。あと二、三時間もするとクルマでごった返す場所だ。トラックから降りた男が数人、積んであった一台のクルマを降ろした。この時までトップシークレットにされてきたデザインスタディ、ポルシェ・カレラGTである。

白バイにまたがるパリの警官に護衛されながら、世界ラリー選手権の元チャンピオン、ヴァルター・レアルが一〇気筒六一二馬力のエンジンを始動した。注意深いハンドルさばきで凱旋門の周りを二度周回すると、そのままシャンゼリゼを下ってコンコルド広場に至り、ルーブル美術館の中庭にするりと滑り込んでいった。新聞は「ルーブルに自力で入場した最初の芸術作品」と伝えた。

古代ローマの円形劇場になぞらえてデザインされたルーブルの多目的ホール、オーディトリウムのビデオスクリーンには、カレラGTの走行の模様が逐一映し出されている。雨の降る冷え込んだ朝のとんでもなく早い時間、しかもこの日はメトロとバスがストライキ中だというのに、ルーブルのオーディトリウムは隅々まで人が埋めつくしていた。この二〇〇〇年九月二八日は自動車ショーのサロン・ド・ロトモビル、通称パリ・サロンのプレスデイ初日にあたるが、ポルシェは世界中から集まった四〇〇人ものジャーナリストを、モーターショー会場ではなく早朝のルーブル美術館に、何が起こるか知らせることなく招待したのだ。

ジャーナリストを夜中にたたき起こして秘密の会合に呼び寄せるという、これまでのプレスコンファレンスのやり方とは明らかに異なるこのイベントは、しかし大成功となった。当日、フランスの主だったテレビ局のニュースは、ポルシェが大当たりをとったと大々的に報じた。そしてパリ・サロンはポルシェとその新型車の話題で持ちきりとなり、その後何週間にもわたって各国プレスのあいだで前例を見ない大反響を巻き起こした。


こうしたキャンペーンで成功するには、メディアに大きく取り上げられることが不可欠だが、辛口で移り気なメディアの関心を惹きつけるのは容易なことではない。これ見よがしに新製品を露出しても、長期的な効果が望めないどころか、顧客から反感を買い、まったく裏腹な結果に終わりかねない。そうはいいながら、他と同じことをやっていては注目を惹くことは難しく、特に小さな企業では、他とは違う演出がひときわ大切だ。

ポルシェが求める所に行き着くには、時として競合他社が進む踏みならされた道から外れ、険しくても自分だけの道を歩む必要に迫られることがある。夜明けの薄明かりのなかで敢行したパリでのキャンペーンは、この一五年間、世界でもっとも小さな独立系自動車メーカーである、私たちポルシェの経営陣が実行してきた言葉を見事に形で示した一つの例であり、キャンペーンがもたらす理想的な成果を得たと言ってよいだろう。

この一五年というもの、私たちはまずは何が何でもこの会社を生き残らせようと、力の及ぶ限り仕事をこなし、外交術よりもはっきりと意見を述べることを優先してきた。一九九〇年代序盤の頃、ポルシェが自動車メーカーとして独立を保とうが保つまいが、誰も屁とも思わなかったことだろう（無粋な表現をお許しいただきたい）。ポルシェが自動車産業界のどこか大物に買収されるのは避けられないと思われていた。現実に、長い伝統を誇るメーカーがこうした運命に屈する姿を見てきたし、当時の専門筋にたずねれば、乗用車産業界を生き残れるのは、ごく少数の巨大な国際企業だけだろうという返事が返ってきたはずだ。

こうした状況で私たちが採った生き残り戦略が、成功に結びつく模範的なモデルだと実感するのに長い時間はかからなかった。しかし私たちの成功を疑いの目で見ている人が一部いるようだ。ポルシェは経営の定石をことごとく覆したと言うけれども、実際やったことは、実用的というよりは非日常的な製品を売りつけて、金を生んだだけだろうというのだ。だがそう疑ってかかる人は、私たちが非常に良いイメージを持つ企業であると評価され、様々な賞をいただいた理由をどう説明するのだろうか。

変わったのは私たちではなく、取り囲む世界が変わったということだ。それも必ずしも良い方向にではなく。ここに答の一部がありそうだ。たとえ世の中のトレンドがこれまでとは別の方向に流れを変えようとも、私たちの考えは終始一貫しており、その姿勢に人々はなるほどと頷き、好ましい印象を強めているということなのである。

私たちは決して手を出すつもりはないが、今日の産業界には、提携という名前のドラッグが蔓延している。これに取り憑かれた服用者の七〇％はこの上なく悲惨な副作用を被って終わりを迎えている。だから私たちは将来パートナーになる可能性のある相手の前でも、クジャクのように尾羽を広げたりはしない。永遠に忠誠を誓います、そんな声はひとたび現実に晒されれば長くは続かないという実例を目の当りにしてきたからだ。

また、ポルシェはどんな形であれ、州の助成金を受け入れることはせず、しかも〝メイド・イン・ジャーマニー〟の原則を堅持しなければならないと考えている。なぜなら利益とは、顧客が進んでプレミアムプライスを払ってくれなければ生まれないことを、これまでの経験から学んだからである。ローコスト地域に生産拠点を持つ企業が、世界規模でポルシェ並みのプライスを掲げたところで、顧客が納得する説明はつけようがないだろう。

利益とはあらゆるコストを差し引いた後に手許に残る、自分が稼いだ額をいう。私がこんな当たり前のことをここで申し上げるのは、今日、このシンプルな原則をねじ曲げた解釈が広まりつつあるように思えてならないからだ。経営者用語で「シェアホルダーバリュー」、すなわち株主の利益・価値を第一に企業方針を決定するシステムは、株主尊重とも表現されるが、昔からある間違った考えを新しい言葉に置き換えたに過ぎないものだ。

世界中の企業経営者にとって魅力がある新しい経営論であろうと、断固としてこれに与しないという経営姿勢を貫くことは間違ってはいない。また、どれほど経営界を支配する理論といえども、これをしなければ経営は成り立たないなどという万能の経営論もない。この結論から何を学ぶべきなのだろうか。

①ブランドイメージとは時代の趨勢で決まるのではない。まったくその逆である。

②ビジネスの本質は必ずしもダウ・ジョーンズ、ドイツ株価指数、日経平均株価に反映されるものではない。

③コストの削減は生き残りのために必要かもしれないが、人的資源をないがしろにしてはならない。ビジネスで成功を収めるには有能にして忠誠な同僚が必要である。

④企業が従業員の抱える問題に本気で取り組んで初めて、従業員は企業に誠意をつくし、真摯に仕事に打ち込むものである。

これは非常に大切な心得であり、とりわけ経営アナリスト諸氏には額に入れてオフィスの壁に掛けてもらいたいと思う。経営者たるもの、従業員に対して「近い将来、東南アジア並みの給与水準に生活レベルを調整せざるを得なくなるだろう」などと発言してはならないし、きっぱり言い捨てるなどもってのほかだ。

⑤値引きなしには顧客に受け入れられるはずがないと、最初から決めてかかっては成功

するのは難しい。メーカーのイメージが貧弱なら、価格を保持するのが一層厳しくなる。

ブランドイメージないしはコーポレートイメージはこれから先、ますます重要になっていくだろう。価値のあるイメージを持たない企業は退屈な企業と見なされる。そうなっては命取りだ。

こう考えると経営者とは、業務をそつなくこなし、情報を潤沢に持ち、利潤をもたらしつつ采配を振るっていればいいというものではないことが明らかだ。経営者は企業が抱いている関心事をはっきりと定義した形で広く社会に呈示し、税金をきちんと納めることはもとより、社会と共有できる利益に貢献することを求められている。

従業員からも社会からも信頼される企業こそ、その企業が活動する地場の社会的資本を築くことができ、良好なバランスシートをもたらすことを、ポルシェは長年にわたって示してきた。しかし誤解なきよう。信用とは気高い信条を石盤に刻み込んだり、教えを諭すこと（ただし、日々の業務中はそんなものは頭から閉め出す）を言っているのではない。信頼される企業になるには、時に他社がやらないと決めたことにあえて取り組む、あるいは誰もがやっていることを拒否する勇気を持つことだ。端的に言えば、ルールは破られるためにある。少なくとも慣習を破るしかない事例は存在するのである。

ポルシェはそれを確信をもって実行した。二〇〇五年九月、フォルクスワーゲン・グループ（VW）の株式を買い取ることを発表したのだ。ポルシェがVW最大の株主になると聞いて、むしろ逆の状況を予想していた世界の自動車関係者は、あり得ないことだと言い切った。あちこちで反発の声が上がったが、その基調にあるのは、ルールを違えているという理論だった。英米のカリスマ的指導者諸氏、とりわけ経営アナリストや投資家筋は私たちの決定を、筋の通った論議とはほど遠いやり方であげつらった。「信じがたい動き」だと一刀両断に裁きを下し、〝ドイツ・アンド・カンパニー〟の崩壊は差し迫っていると声高に喧伝したのだ[1]。

いったい私たちが何をしたと言うのだろう。私たちの意図は、数年にわたって非常な成功を収めてきたビジネスモデルを整理統合する、ただその一点にあった。そのビジネスモデルは、ポルシェの社内自製率を低く保ち、システムサプライヤーとして効率の高いパートナー企業に協力してもらうことを特徴としていた。その頃すでにVWは長年にわたるもっとも重要なシステムサプライヤーとなっており、ポルシェがカイエンを製造することができたのは両社の協力関係の賜物と理解している当事者でもあった。ポルシェ初のSUVとして登場したカイエンは、この頃にはポルシェの総売上のおよそ三分の一を占めていた。仮に金融企業が私たちと同程度の投資をVWに対して行ったのならば（そういうオファーが呈示されている明らかな兆候があった）、ポルシェのビジネスモデルは抜き差しならない危険にさらされていたことだろう。
英米の投資家から非難の嵐を浴びるだろうことは、私たちも前もって想像していた。なにしろ、ポルシェのビジネスモデルと彼らのそれとはまったく異質なのだ。彼らにはそれが納得できないようだった。当時すでにVWの大手株主だったニューヨークの投資銀行、トゥイード・ブラウンのジェネラルマネジャーは怒りに駆られてこう言い放ったものだ。
「中国を別にすれば、世界広しと言えども、こんなことが起こり得る国はない！」[2]
しかし私たちが世間の目から見れば変則的だと思われる道を採ったのは、この時が初めてではなかった。カイエンの製造ファクトリーをドイツ国内のライプツィヒに定めたのは一九九九年九月のことだ。この時すでに生産拠点としての現役時代は終わったとして、ドイツは大方の事情通から見限られていた。人件費も税金も高く、官僚主義が実務を妨害する。未来に投資しようと考えるなら、東欧、中国、あるいはアジアのどこかに工場を開きなさい、という具合で、生産拠点としてのドイツに大きな期待を抱く人はいなくなっていた。それだけではない。五〇〇〇万ユーロもの政府助成金を断るとは、ポルシェはどうかしてしまったに違いない、世間はそう口を揃えた。[3] しかしながら一時の気まぐれで常道から外れたのではないことを、私たちはその後改めて示すことになる。二〇〇六年五月、ドイツ連邦運輸大臣ヴォルフガング・ティーフェンゼーの面前で、ポルシェにとって四番目のモデルラインである四人乗りスポーツクーペ、パナメーラを製造することを発表したその席上、受け取る資格があるにもかかわらず、私たちは運輸大臣が親切にも差し出した三〇〇〇万ユーロの政府助成金をお断りしたのだ。

こうして世のトレンドに逆行することになったが、ポルシェにとって理想的なまでに有利な経済的根拠があったからこそ下した決定である。コストコントロールは社内の専門家より経営者がやった方がはるかに容易ではあるが、コスト管理だけが経営者の仕事ではない。製品が生産された場所そのものに意味があって、それを価格に反映することができ、世界中の顧客がその価格を払うのをいとわないのであれば、ドイツ国内に工場を建設するという判断にも、れっきとした正当性があるということだ。ポルシェの製品を買う人々はそれが〝メイド・イン・ジャーマニー〟であり、〝マニュファクチャード・バイ・ポルシェ〟であるのを当然のことと考えている。

言葉を換えれば、ライプツィヒはポルシェにとって有利な条件を備えた生産拠点なのである。そうでなければここを選んではいなかっただろう。かつて東ドイツだった国内の経済的に脆弱な地域に、新たな雇用を創出することで社会への責任を果たし、なお利潤を上げるという、望ましい組み合わせを実現できる場所である。こうしてポルシェは人々の信頼に結びつくアイデアを実行し、顧客や一般の人々と共有する社会資本を、ステータスという形で築くことができたのである。

ライプツィヒに新ファクトリーを建設する際、この理由から地域助成金に応募しないことを決定した。むろん私たちもこれは異例であって、通例でないことはわかっている。政治家でも実業家でもいい、地方の助成金についてどう考えるかたずねてみるとよくわかる。率直な答えなど返ってこない。返ってくるのは何度もリハーサルを繰り返したスピーチだけだ。その裏には、安定した自由市場経済にとって、助成金は害毒そのものだというメッセージが込められているのだが、前面には現われてこない。マイクとカメラのスイッチが切られるやいなや、あるグループがほんのわずかなチャンスに賭けて大急ぎで助成金をオファーし、別のグループがそれに飛びつくのである。

私たちなら上手にそのお金を運用できたかもしれない。確かに数千万ユーロを辞退するのは簡単な決定ではなかった。しかし州の助成金を受けずにドイツ国内に新工場を建設したことで、ポルシェはまったく何も失わなかった。失ったものがないどころか、ポルシェのイメージは大きく向上した。コーポレートイメージとは、でまかせや空虚な言葉から生まれるはずはなく、厳然たる事実に立脚して生まれるものだ。この決定を下したことで、強力なイメージバリューというもっとも素晴らしい形で社会的資本を手にすることができた。助成金のような一回限りではなく、長きにわたって活きるメリットをポルシェは享受している。

末永く成功しようとする企業に求められることが二つある。一つは長期的に考え行動すること。もう一つは、顧客、サプライヤー、従業員、株主に企業との一体感を感じさせるようなビジョンを展開することである。それに企業の取締役は次の二点を確認する必要がある。生産現場の管理職、オフィスの管理職を始めとする全従業員に、誠実に自分の会社を支える気持ちがあるか、二つ目は従業員と経営者の間でこの点に意見の不一致がないかということである。企業が判断を下す際に今日の株価だけを根拠にする、これはまったくもって偏った取り組み方だ。

私たちはこの点については信念を持っているので、フランクフルト証券取引所からの四半期ごとの経過報告書を発表するようにとの要請を受け入れなかった。そのために株価指数、M－Dax（ドイツ株価指数採用銘柄の次位に着く五〇の企業から算出した株価指数）の企業リストから外されてしまったのだが、私たちが信頼に足る企業であるというイメージと評価はこのときもアップした。

フランクフルト証券取引所の厳格なレポートシステムに文句を並べる企業経営者は大勢いたが、はっきり反対だと旗を揚げる人物はほとんどいなかった。ただ、歓迎すべき例外が一人だけいた。長年にわたりBMWの最高経営責任者を務めたエーベルハルト・フォン・クーエンハイムは、次のようにコメントしている。「私は大きく踏み込んでこう申し上げたい。誠実な経営者として注目されるべき点は、四半期決算ごとに次の報告に向けた会社運営を行うことではなく、いかに永続的で基盤のしっかりした企業へと導くかという企業ポリシーをつくりあげる点である、と」[4]

今も記したとおり、フランクフルト証券取引所からの要請には反対の声が大きかったが、結局これを突っぱねたのはポルシェだけだった。情報が重要な現代の経済界にあって、株式発行会社は資本市場のルールに則ってこそ機能するという主張には、私たちは反対である。むしろその逆こそ真なりと考えている。当然、私たちが製品あるいは投資について何かを決めた時には、市場にその旨を告げ、ビジネスの進捗状況も報告する。ただしその際、短期的要素に起因する時間的ずれには言及しない。むしろ私たちは、自分たちの立てたビジョンを継続的かつ長期間にわたり実現することに努力を集中する。

私たちにとって重要なのは、自社のビジネスシステムを継続的に進歩させることだ。私たちの仕事とは、エンジンを設計し、組み立てること。鋼板をプレスして形あるものにし、それに塗装すること。コンポーネントを組み立て、高品質な車両に仕立てること。そして値引なしに製品を買ってくれる顧客を一人でも多く捜すことだ。私たちがこの仕事を成功裏に成し遂げている限り、資本市場から背を向けられるかもしれないなどと恐れる所以はないのである。

スイスの食品グループ、ネスレで長年会長を務めたヘルムート・マウハーの発言を聞いて、こうした意見を表明するのは私ひとりではないと知るとともに、こういう意見が出るということは、企業および投資カルチャー全般にとって前向きな兆しだと感じている。マウハーは近年の推移を次のようにコメントしている。「今日運用されている社会的市場経済は受け入れ難いものがあります。ビジネスの面ではとりわけ英米から影響を受けて、シェアホルダーバリュー（株主尊重主義）という短期的な部分のみが強調され、萎縮してしまった。しかし経営者たるもの、ここでもう一度長期安定的な企業の発展に力を集中すべきだ、私はそう確信しています[5]」

　国際競争の中で、企業経営者という名の競技者は市場、投資家、アナリスト、そして金融メディアに取り囲まれている。企業経営者の誰もが、そうした圧力を最も回避できそうな行動様式にしがみつくところまで追い込まれてしまったようだ。企業経営の見地からどれほど的はずれな行動であろうと、もはや構う余裕すらない。まるでみんなで将棋の山崩し遊びに参加しているかのようだ。一つ間違った動きをしただけで、神経がぴくりと動いただけで勝負に負ける。これでは結果は見えている。企業経営者は胸一杯に空気を吸い込むこともできず、方向感覚も行動様式の意識も失い、最悪、まったくの日和見主義者に堕してしまうだろう。現代の経営者は「狩りで追われている」と書いたのはアメリカの社会学者リチャード・セネットだ。短期間に株価を上げろという要求を満たすのに死にものぐるいで、そうすることで企業の最も大切な伝統から切り離されようとも気にも留めない、と記している。間違いなくセネットは真実を突いている。[6]

　むろんポルシェはあらゆる英知の泉だなどと主張するつもりはない。私たちだって間違いは犯す。ただポルシェの場合、その悪影響をうまく最小限に抑えられたことも確かな事実だ。決断を下す前に私たちは自分に問いかける。これは長期にわたってポルシェを強化することに繋がるだろうか。顧客にアピールするだろうか。全従業員から賛同を得られるだろうか。その論理的な結果として、私たちに投資してくれた株主に充分報いることができるだろうか、と。

私たちのビジネスシステムは、銀行、証券取引所、アナリストが理解しているビジネスシステムとは別物だ。私たちのそれは長期的な性格を帯びている。クルマの製造は途中で「呼吸を整える」ことをしないと最後までやりきれるものではない。一番不要なのは、短期的な結果でしかものを考えない人々からの拒絶サインだ。そういう人たちは、私たちのシステムを理解する能力がないか、自分のビジネス上の利害関係と相容れないので理解しようとする気がないかのどちらかだ。鳴り物入りで登場したベンチャー企業向け株式市場、ノイアマルクトの後に残された残骸をご覧になるといい。この失敗により、株を投資対象としていた多くの人々の信頼はほぼ消え失せてしまった。なるほど証券取引所は規則を作り、その規則が守られているかを管理したかもしれない。しかし惨事を回避するための規則ができたときには、すでに大惨事は起こってしまっていた。

私たちは金融市場に対する責任を肩から振り払おうなどとしているわけではない。それどころかポルシェは透明性を非常に重んじている。ビジネス上の活動は定期的に報告しており、多数のプレスリリースを発行して一般の人々にも絶えず情報を提供している。しかし社内の活動に干渉する恐れがある場合や、通常の意志決定プロセスを妨げたりゆがめたりする場合は透明性にストップをかけなければならない。四半期毎の財務報告を強制されれば、まさしくこういう事態が起こるだろう。

ここまで読まれてお分かりのように、私たちはトレンドや、他の人が正しいと考えることに簡単に同調したりはしない。私たちは独自の道を歩む。だから時に一般に受け入れられたルールを破ることにもなる。と言っても、私たちだけがいつも分別をわきまえているからではない。ビジネスの世界でも、真実というもののうわべは千変万化している。大きなところも小さなところも、老舗も新参者も、モダニストも既製の型にはまった考えの人も、誰もが自分だけの視点を持つ権利がある。現代社会の競争はこの事実に立脚して発達しているのだ。

ポルシェが長きにわたり成功を収めているのは、この会社が持っている根源的な美徳のおかげだ。その美徳とは社会から信頼されていることである。動きの激しい現代、どの企業も大衆に向けたイメージに磨きをかけ、飽くことを知らない株式市場をサクセスストーリーで満足させようとがむしゃらに働いている商慣習のなか、徐々に意味を失いつつある価値観だけはしっかり握って離してはならない。永続的な成功を収める唯一の盤石たる基盤、それは信頼である。

この考えが正しいことは現実の世界が実証している。仮に正しくないとするなら、次の質問にどう答えればよいのだろう。一歩間違えば破産につながる滑りやすい斜面に立たされた企業、今にも買収の餌食となりそうな手負いの動物が、わずか数年にして世界でもっとも利益率の高い自動車メーカーへと変貌できたのはなぜか。自動車産業界のダビデがそびえ立つ巨人のゴリアーテどもを相手に、恐れることなく立ち向かえたのはなぜか。一時はそんな危機的状態だった企業が、株主に価値ある配当金を支払い、従業員に雇用を保障して年次ボーナスを支払い、社会全般のために少なからぬ額の税金を支払うことができるようになったのはなぜか。一時はそんな状態だった企業が、将来の苦しい時期に備えて準備金を蓄える一方、将来に繋がる高品質な新型モデルを開発できるまでの充分な資金を持つことができたのはなぜか。

そしてポルシェは数々の賞を受けるという名誉を得ている。フランクフルト証券取引所によりM－Ｄａｘ指数の企業リストから外されてものの数週間後に、国際主要新聞から、株式を発行する中規模企業のカテゴリーで〝ベスト・コミュニケーション・オブ・シェアホルダーバリュー〟の一等を受賞した。ヨーロッパの機関投資家と経営アナリスト六三〇名の見解を基に選ばれる賞だ。[7] これなど私たちの姿勢が正しいことを立証する何よりの証拠だろう。

これ以降、数々のトロフィーが私たちのショールームの特等席を占めている。例えば二〇〇四年、私たちは世界でもっとも価値あるブランド一〇〇社のリストに加わり、産業界羨望の的であるジャーマン・マーケティング・プライズを初めて受賞した。この賞を与えるアソシエーション・オブ・ジャーマン・ブランドから、私たちのブランドは常に高いレベルで認められていること、高級品メーカーとして広く社会に受け入れられるよう絶えず努力をしていることを評価された。

二〇〇六年には、ポルシェは四回連続してドイツでもっとも印象の良い企業に選ばれた。主催者の『マネジャー・マガジン』誌は二五〇〇名のドイツ人経営者の見解を考慮に入れて得票で選ぶ。自動車産業の巨人を相手にするにはつつましい手段しか持たない上に、自らの頑固さゆえ世間を騒がせることもあるというハンディを克服して選出されたのである。

ここまでお話しした受賞実績はすべて事実だが、そんなものは私たちの自己満足に過ぎないだろうなどと読まないでいただきたい。ドイツのシュワーベン地域にルーツを持つ私たちはそうした悪癖には影響されずにきた。ここの住民は勤勉で社会常識に溢れる生活態度でよく知られる。それだけではない。ポルシェは存亡の危機をかいくぐった企業で、いまだその危機的状況の記憶は私たちの脳裏にまざまざと残っている。うぬぼれや自己満足に浸る余裕などあろうはずがない。それでもこれほどたくさんの賞を得たことを誇りに思っているし、私たちが正しい方向を向いていることの証拠だと考えている。これらの賞は私たちの社会における位置づけを示している。一般社会、顧客、政治家、そして金融市場に私たちがもたらした信頼が、自動車メーカーとしては、とりわけスポーツカーに特化した小規模メーカーであることを考えれば、傑出して高いことを立証している。

　受賞実績を引き合いに出したのは、私たちの行動に対して社会が示した反応そのものが、ポルシェが他とは違うことを辞さない勇気ある企業であることを証明しているからだ。これだけの支持を背にしていれば、敵意に満ちた多くの反応に耐えるのも難しいことではない。現行の経営陣はポルシェ家の名を汚す振る舞いをしている、などという根も葉もない中傷などその一例だ。私たちはややもすると腹蔵なくものを言う傾向があるゆえに、そのつもりがなくても一部の人の心証を害してしまうことがある。商工業界の重役会議室では、私たちを非難するささやき声が交わされることがしばしばある。あそこは収集がつかなくなりそうな事態にわざわざ世間の耳目を引き寄せようとする、あんな真似をされては業界内の信頼はぶち壊しだと責められるのだ。しかしながら私にはどうもこういう批判が理解できない。うまく行きそうもない部分を指摘するのは、経営幹部者たるものの責任ではないのか。作家のトルーマン・カポーティの言葉は的を射ている。「およそありとあらゆるものの中で、成功を収めたら最後、人々は決して君を許そうとはしない！」

　一般の人からは支持され、同業からは批判される。このように相反する反応を目の前にすると、こう問いかけざるを得ない。「ドイツに〝ねたみの社会〟が存在するのは否定できない。そのドイツの高級品メーカーがベストイメージの企業として票を集めている。人々の考え方に何が起こっているのだろう。何か説明のつかない欲望に人々は取り憑かれてしまったのだろうか」

答は実のところ単純で、ポルシェが勝ち得ている信頼と大いに関係がある。バランスシートに記載される金融資本とは別に、私たちは社会的資本という相当な額の財産を積み立てた。潮の流れに逆らって泳ぎ、一般的なルールであっても、一度は吟味し、納得できなければ拒む。こうした姿勢を貫くことで、ポルシェは信頼できると人々に印象づけた。それに今では、世間は私たちが本音を言い、言った通りに実行する一方、安っぽいお世辞を引き出すように仕向けたり、新聞の第一面に取り上げられるように画策するような真似はしないことを知っている。これがベストイメージの企業に選ばれた理由なのだ。

イメージは時として空中のシャボン玉のように見えることもあるが、厳然たる事実に基づいたものである。イメージなどもっぱらトラブルメーカーだと捉えて正面から取り組まないのでは安易に過ぎる。まずは誠実にして良質な、よく働く企業であると立証することが必要条件だ。効率の良さを求められる点では、製造業も販売業も変わるところはない。マーケットリサーチのみで顧客とコンタクトするだけでは十分でないし、リサーチを必要悪と片付けてしまっても十分でない。ブランドはいったん約束したものを長年にわたって提供し続けること。これが信頼を構築する唯一の方法だ。

ビジネスとは文化的、社会的、制度的条件で左右される社会的活動だ。人は自信の拠り所としてブランドを求める。それだけではない。自分と同化できるもの（〝ホームベース〟と呼ぶ人もいる）としてブランドを求める。これこそ顧客、企業の従業員、ビジネスの提携先が、そろって一つの共通した関心を見つけられる意識の領域であるに違いない。

住む世界が複雑で混沌であればあるほど、人は自分を導いてくれるもの、安心できるものを捜し求める。それと共に足下の地面が音もなく抜けてなくなるかもしれないという不安に取り憑かれる人が増えていく。私たちを取り囲む世界がグローバリゼーションという名で変化するにつれて、国際間の取引と労働力の分配が労働条件を左右することになるだろう。その結果、収入も、雇用も、年金も安全ではなくなり、人々は自分に本当のことを教えてくれる、信じられるリーダーを求めるようになる。人は通常のやり方からほんの少し外れただけで、成功につながる新しい秘策が見つかったと思い込んでしまうようだ。ポルシェという企業はそういう目で見られている。ポルシェが何から何まで他とは違う方法でやっている訳でないのはよくわかっていても、人々はそういう目で見るのだ。

こうなってしまった説明は簡単につく。模範的に行動して評価される、力量ある政財界のリーダーが不在の時代が長く続いたせいだと私は見ている。実業家と政治家たちはまったくその反対のことをしてきた。ある有力なビジネスジャーナリストに言わせると、市井の人々はこう思っているそうだ。「商工業界で働く人たちは嘘をつく。まるでそれが連中の主要な責務の一つであるかのように！」

気骨と高潔の人物像の模範となるべき商工業界のリーダーに、いったい何が起こったのか。迷っている人、自信をなくした人に進むべき道を指し示そうという、彼らの志はどうなってしまったのか。人々は自分たちの先行きにすっかり悲観的になった。中国と東ヨーロッパのほうが製造コストが安く、何をやらせても日本人とアメリカ人の方が一枚上手で、企業が合併して従業員に跳ね返ってくる唯一の紛れもない結果が、盤石だと思っていた仕事を失うことだとするなら、政治家や商工業界のリーダーたちに期待する方が無理というものだ。

こういう状況だから不安、疑念、さらには反感が人々の間に生まれるのも当然だ。時に「流動性」という言葉が回答とされ、あたかも誰もが身軽に移動できて、今日はドイツで、来週はアメリカで、来年はシンガポールでお金を稼ぐことができるかのようにこの言葉が使われている。企業が下す数多くの正しい決断の中には、止むにやまれず下されたものもあるが、その影響をもろに受ける人々は、必ずしもありがたい決定だとは受け止めていない。私にとってまったく合点がいかないのはこの点だ。人々は企業がある決断を下すまでの真実をあまねく知らされているのだろうか。自分の将来の繁栄に影響を及ぼす決定について十分な説明を受けているのだろうか。

これは商工業界のリーダーだけでなく政治家も答えるべき疑問だ。しかし彼らはどう答えるだろう。トークショーのテレビカメラの前では言葉を濁す政治家もいれば、自分の言っていることを信じ込んでいる政治家もいるのかもしれない。いずれにせよ番組を見終わって、事情が飲み込めた視聴者などひとりもいない。とりわけ焦眉の問題として説明を求めた人にはまるで何もわからない。従来型の完全雇用は今後決して戻ることはないと、進んでオープンに言い切ろうという人が現われないのはなぜだろう。社会保障制度の深部にまでメスを入れる改革に、なぜ進んで取り組めないのか。誰かが全国民に知らせなければならない。地方財源は枯渇して、これからはあらゆる種類の危険から市民の皆さんを守ることはできません、と。

ドイツが近年、歴史に残る経済的危機を切り抜けたことは紛れもない事実だ。東西ドイツが再統合して引き起こされた激変、その体裁を繕おうとするのはフェアな態度ではないだろう。しかしドイツの経済が停滞しているのにはもう一つ別の理由がある。回避することのできなかった人口の問題（したがって経済的、社会的な問題に波及する）がどう展開しているのか、全国民、つまり有権者につまびらかに説明をするのに二の足を踏む、そういうムードが政府内に蔓延している。国民からの反発を恐れる余り、政治家たちは歓迎されない真実を避けて通ろうとしている。これが経済を停滞させているもう一つの理由だ。私たちがそこそこの情報を得ているのは、たまたまそうなっただけのことだ。それにしても必要な行動が取られていない。この問題については本書の第五章で詳しく記す。

この状況は我が国の労働市場や社会福祉だけではなく、教育制度や政治的な意志決定のプロセスにも当てはまる。ＰＩＳＡ（Program for International Student Assessment）によるヨーロッパ全土の学校と大学の学習到達度調査の結果、ドイツの学生の達成度は多くの点で劣っていることが判明した。熟練工が不足しているため、ドイツ産業の発展にブレーキがかかってすでに久しい。

積極的なアクションを取ろうとしない姿勢や、首都で続いている政治論争を見るにつけ、この国の舵取りはいったい誰なのかと聞きたくなる。ドイツの連邦国家制度は政治権力の悪用をほぼ不可能にすることを目的にしており、確かに第二次世界大戦直後には国民も必要だと納得していた制度だったが、今では問題の一部になりつつある。政府（連邦議会）の決定を、連邦参議院がことごとく妨害ないしは弱体化しているからだ。連邦参議院は各州の代表の投票によって採決するが、中央政府が実施すると決めた立法行為に、なぜ州がいちいち口を出す権利があるのだろう。そもそも連邦議会議員とは全国民が自由意志のもとに選んだ代議士である。

戦争の教訓から生まれた連邦制度だが、今や有権者の信頼を得ているようには思えない。それどころか、われわれ国民は真実を洗いざらい知らされてはおらず、状況は言われているよりはるかに悪く、いつ災禍が襲いかかってきてもおかしくはない、これが一般的な国民感情だと思う。政治家が見当違いをしているのは確かで、状況は悪化する一方という印象を植え付けてしまった。そればかりか、将来政治家の主たる任務は、物不足を公平に負担させることにあるだろうとほのめかして、火に油を注ぐような真似をしている。

最近、社会福祉制度が一部削減されたが、その詳細をドイツ市民が小出しにされた情報として知るようになった現在、商工業界は自分たちが長期的に進歩するためのアイディアを考え出さなければならない。大局的に言えば自信を鼓舞し、誠実であることを明らかに示すことだ。その結果として企業イメージが高まるのであれば、大変結構なことだ。

今求められているのは、批判したり、要求を突きつけたり、物事の暗い面を見ることではなく、ひとえに行動を起こすことである。さらに企業経営者ならドイツをリーダー国のグループに返り咲けるよう、自分たちも前向きに貢献したいという姿勢を行動で示すべきだ。どの国でも実業界と政界のエリートは、人の先頭に立って行動し、進むべき道を示す特別な責任がある。私たちポルシェ経営陣が、ポルシェがもっとも厳しい危機に追い込まれた暗黒の時代にそうしたのと同じことだ。私たちは従業員、株主、一般の人々に状況を隠し立てなく正直に語り、困難ではあるが、必要な決定を下すことで信頼を構築した。

関係者に新しい展望をもたらし、やる気になってもらうにはこれしかなかった。従業員はポルシェにとって本当の意味での資産だ。一方、高い金を払っても私たちの豪華な製品を手に入れたいという顧客は、その結果、世間からとやかく言われることなど望んではいない。私たちが信頼される企業でいられたのは、ひとえに自分たちの原則を忠実に守り続けたからだ。時に商工業界の慣例を破ることになっても、必要であることを表明し、実行したからである。

私たちには長期的なビジョンがあり、計画的に実行に移している。今後も独立メーカーの立場を保持し、独自の道を追求していく。すでにご説明したように、最近私たちが破った不文律はフォルクスワーゲン・グループ株の買収だが、VWとは提携先の一つとして密接な協力関係を築き上げた。カイエンという一モデルに限らない、広い範囲にわたって協力関係にある。むろん、利潤を生む関係だ。

VWのケースに代表されるように、ポルシェは国際ビジネスのトレンドに流されることなく、独自の道を歩むつもりだ。ポルシェが将来にわたって商業的成功を収めるには、これが絶対的な〝マスト〟条件だと考えている。存在を安泰にする充分な資金を稼ぎ、ビジネス拡大のチャンスが到来した時には臆せず行動するつもりだ。その結果、従業員の雇用は盤石となり、株主は投資額に対して十分な配当金を受け取ることができる。

もう一つの資産も重要だ。顧客がポルシェに寄せる信頼と、私たちが構築する完全無欠の社会環境という、二つのかたちで表される社会的資本である。地球規模のマーケットで資金の調達ができる現代、企業にはかつてなく社会的なコンピタンスと信頼が求められている。その二つを身につけたとき、地域的あるいは全地球的な競争で勝ち抜く準備が整った企業となるのだろう。

第二章

ひったくりと冷笑家

経営者とそのネガティブなイメージ

北ドイツの街、ノルトライン＝ヴェストファーレン州のミュンスターに本拠を構える販売業者組合は長い伝統を誇っている。この組合にはグロウサーズ・ホールという壮麗な会議室がある。会議に出席する組合員を正面から迎えるのが、金色の地に太字で刻み込まれた格調高い格言だ。「Ehr is Dwang gnog」この地方の方言で、「信用があれば突き進むに充分なり」という意味である。

昔は商取引の当事者が「やる」と言えば、必ず誠実に実行する道義的拘束力が生じたことをこの格言は示している。かつて取引とは、相手が仲間うちの商人であれ、顧客であれ、すべて信用を基盤に行われていた。口頭で交わした契約を保証するのに、双方の握手だけで充分としたことを、私たちは知識として知っている。

かつて信用は大変重要な地位を占め、〝正直な職人、正直な商人、正直な市民〟が社会を支える柱であり、ギルドや商業組合の決まり事にひどく反した者は、店をたたんで街を去るしかなかった。法律が商業の世界に奔流のように流れ込み、ありとあらゆる形態の商業活動を律しようとする現代、数世紀にわたって商取引がいかに不正なく行われていたのか、想像するだけでも難しい。

どこかの段階で、信用だけでは充分ではなくなってしまったのだろう。そうでないなら、分厚い法律書とその解説書があるはずがない。私たちは自分に問いかけるべきだと思う。どこかの段階で悪しき習慣が居座り、日々のビジネス交渉に行政が法律や法規を課するしかなかったのか。それとも法律がビジネスに過大に干渉してきたせいで、誠実な商慣習は息の根を止められ、人々は法の抜け穴を探すように仕向けられたのか、いったいどちらなのだろうかと。

現代を生きる私たちは、過去を振り返って夢を追いかけてはいられない。今のビジネス界に生きる人々にとって、信用など何の意味もないとまでは言い切れないにしても、握手だけで取引をまとめようとすれば、あざ笑われるか、最悪、当の本人があちこちで騙される結果に終わることは目に見えている。どこの裁判所に訴えたところで、被害者が世間知らずで、痛い目にあったのは当然の報いと言いわたされるのが関の山だ。

皆さんは近ごろ〝正直な商人〟にお目にかかったことがあるだろうか。とんと見なくなったという方が多いと思う。その一方で、不正行為を犯していると告訴されないように、ビジネスエリートの多くが心ならずも自衛策を講じているのが現状だ。評価の高い日刊紙、『フランクフルター・アルゲマイネ・ツァイトゥング』は次のように書いている。「(ビジネス界が信用を失って) ドイツではぞっとするような結果につながっている。企業とその役員は名誉を踏みにじられているだけではなく、社会的倫理のもっとも低いレベルと貶められているケースが多い。いわく、経営陣に支払われる報酬は常軌を逸して高い。高い利益を上げているのに従業員を解雇する。バランスシートを改ざんする。自分のことしか考えていない。社会的な責任感が欠如している。尊大だ。事実を隠そうとする、などなど。大抵の場合、正当な理由もないまま、こうした悪行は今どきの企業経営者の倫理気質の一部であると言い立てられている」[1]

近年、アメリカやドイツを始めとするヨーロッパ各国で、多数暴露されたビジネス界のスキャンダルを振り返ってみるに、市井の人々が次のような結論を出したとしても不思議ではない。まともに稼いだのであれ、ブリーフケースに詰めて国境を越えたのであれ、あるいは秘密の銀行口座に送金されたのであれ、とにかく金があらゆる形態の商業を支配する唯一の要素になってしまったのだと。手っ取り早く大金が儲かる不正取引に引っ張られて、あらゆるビジネスの世界で欺瞞と詐欺行為が前例を見ないほどに横行した。「手に入る金はひったくってでも手に入れろ。他人から借りているものはしっかり握って離すな」、こんな言葉がビジネス界の金言になってすでに久しい。ドイツの出版社が最近ベストセラー作家の新刊を出した。「ペテン師どもの世界をどう生き残る?」というサブタイトルのついたこの本の帯にも、おおよそ金言に近い趣旨のキャッチコピーが印刷されていた。[2]

私の意見はタブロイド新聞の全段抜き見出し的な趣が強すぎるかもしれないが、国民の多くが同じ意見であるのも否定できない。確かに利益を上げることは資本主義社会では本質的な要素であるが、それがすべてではないことを私たちは肝に銘ずべきだ。利益だけでなく、別の行動指針もあってしかるべきだ。ビジネスの観点からすれば、利益を上げようとする意志そのものは、恥ずべきでも望ましからぬことでもない。ただそこに社会の価値観や道徳観をあざ笑って認めようとしない、いわゆるシニシズムがつきまとうケースが多い。問題なのはこちらのほうだ。

充分な利益を上げている経営の安定した一流メーカーが、当然の権利として公的な助成金を受け入れる。あまつさえF1レースに深くかかわり、豪華ホテルや航空会社の保有機補充に出資する、そういう経営ポリシーをシニシズムという以外、どんな言葉で言い表せばいいのだろう。彼らは本業と副業との間には関連がないと言うに違いない。しかし片方の手で持ち金を湯水のように使い、もう片方の手で政府が差し出す助成金を掴み取ろうとする企業に、もっともな理由などあるはずがない。

〝ニューエコノミー〟の世界で繰り返し起こったスキャンダルを言い表すにも、シニシズムという言葉がふさわしい。目的のためには手段を選ばないプロジェクトが一つ、また一つ煙となるたびに、小口投資家は手持ちの資金が消えていくのを目の当りにした。裁判所に召喚され、敵対的買収に合意した後に手に入れた、数百万という金の出所を明らかにするように求められる経営陣たち。記録的な利益を計上したと高らかに歌い上げたその舌の根も乾かぬうちに、残念ではあるが、数千人の従業員を解雇せざるを得ないと説明するドイツの一流企業の最高経営責任者たち。これらの人々を言い表すにもシニシズム以外の言葉はない。

商工業に携わる人々に市民が抱く反感は日ごとに募っていき、期待感は薄らいでいる。それどころか、どうせペテンや詐欺行為をするのだろうと思われている。黄金の九〇年代、ドイツ国民は際限なく続くかに思われた好景気ブームによって重度の躁状態に陥り、ドイツを株主の国に変えてしまった。それ以降、この国は一時の心的状況から覚醒する経過を辿っているところだ。

アメリカのエコノミストでノーベル賞を受賞したジョン・ケネス・ガルブレイス（二〇〇六年に九七年の生涯を閉じた）は、一九二〇年代にアメリカで起こった好景気を適切にもこう要約している。「神が自分たちをみな金持ちにしたがっている、アメリカ人はそう信じ込んでいるようだった」。それから三世代を経過した一九九〇年代、この予言はようやく実現するかに思われた。証券取引所は好景気に沸き、株さえ買えば誰でもまとまった金を手にすることができ、際限のない繁栄がずっと続く、そんな時代が幕を開けたと誰もが考えた。しかし悲しいかな二〇年代の前例とまったく同じように、今度の好景気も終わってしまった。経営陣は自分たちをみな貧乏にしたがっている、今度はアメリカ人はそう疑っている。しかもそう考えているのはアメリカ人だけではないのだ。

総合エネルギー企業、エンロンの粉飾決算が明らかになったのを受けて、ニューヨークで巻き起こった事態には信じがたいものがあった。かつてある有名なマフィアのボスが死亡すると、大衆紙は国のヒーローがこの世を去ったかのように書き立てたものだ。しかしある新聞のチーフコラムニストはこう明言している。意気地のないエンロンの経営陣と違い、マフィアのボスは少なくとも、直接、一般大衆から金をだまし取るような真似はしなかったと。その主張は正しい。ビジネス界の詐欺師どもは数百万という金を懐に収めただけではなく、自社の年金ファンドまで不正に巻き上げて、退職した従業員数千人を一夜にして極貧の生活者にしてしまった。それと比べればギャングのボスにはメダルをもらう価値があるとさえ言っていい。

こうしたできごとが私たちに告げている事実は明らかだ。アメリカとヨーロッパに莫大な繁栄をもたらした資本主義という経済機構は、現在抜き差しならぬ危機にさらされており、私たち企業経営陣は少なくともその責めの一端を負うべきである。嘘で塗り固めたバランスシート、インサイダー取引、メガ合併、意地汚い欲望、虚栄心、うぬぼれ。これらが商工業界と企業経営陣に寄せられていた信望をかつてなく傷つけた。どうやら会計とは衒学的で無味乾燥な作業ではなく、罪を犯すつもりの人間の手にかかると本物の芸術作品に変わるものらしい。

「搾取する資本主義」という言葉を作りだしたのは、かつてのドイツ首相ヘルムート・シュミットである。その後、二〇〇五年ドイツ総選挙の最中に、当時のドイツ社会民主党（SPD）の党首フランツ・ミュンテフェーリンクが〝イナゴ〟コンセプトというのを生み出した。こいつは経済界に襲いかかり、木々の葉という葉を食い尽くすと満足して飛び去っていく。資本主義に対してこうしたトゲのある批判を表明しているのは、何も社会ののけ者や、この経済機構に敵対する悪名高い人々ばかりではない。投資会社ゴールドマン・サックスの首脳を務めるほどの練達した経営陣や、ウォールストリート・ジャーナルといった定評ある一流メディアが「アメリカビジネス版ウォーターゲート事件」、あるいは「経済機構の崩壊」という言い方をしているのである。世界的な経済不況に見舞われた一九二〇年代と三〇年代を最後に、資本主義に対する人々の感情がここまで根源的に変化したことはなかった。

マイケル・ダグラスがゴードン・ゲッコー役を演じた一九八七年のハリウッド映画『ウォール街』を皆さんはご記憶かもしれない。今の状況を見通したかのような映画だ。ワイシャツに幅広サスペンダーという姿のゲッコーは、ニューヨークにオフィスを構え、大がかりな企業買収により資産を奪取していく。倒産させたばかりの会社の株主一同と向かい合ったゲッコーは、冷たくこう言い放つ。「強欲、結構じゃないか！」この役のモデルになったのが、投資家のカール・アイカーンである。実力があるのに評価の低い企業の株を掛け売りで買収し、手に入れた企業を解体して、部門ごとに利潤を上乗せして売却するのがアイカーンのやり口だった。二〇〇六年二月、アイカーンは長い実績を誇るアメリカの総合メディア企業、タイム・ワーナーの実権を握ろうと画策するが、これに失敗する。

映画ではヒーローがシニカルに言う。「友だちが欲しかったら犬を買うんだな！」これは乗っ取ったばかりの航空会社の従業員に、アイカーンが実際に浴びせた言葉だと言われている。

現在の状況は『ウォール街』当時よりはるかに悪くなっている。アイカーンのような〝イナゴ〟はどこにでもいる存在になってしまった。企業に寄せられていた信用が根底から崩れ、そこに係わった人々が人生の坂を転げ落ちた実例などいくらでも挙げることができる。エンロン、ワールドコム、パルマラート、コムロード、フローテキスト、ＥＭ・ＴＶ。そして建設大手のフィリップ・ホルツマン、銀行のベルリナー・バンクゲゼルシャフトなど、ドイツ企業もその列に連なる。さらに二〇〇一年九月一一日に発生したアメリカ同時多発テロがアメリカのビジネスと産業を強打し、下り坂を転げ落ちる経済のスピードはますます速まっているように感じる。

帳簿にまつわるスキャンダルがニュースにならずに一週間が過ぎることなどまずなくなった。売上高の水増し、理由がはっきりしないまま利益がいつの間にか消えて損失に変わる、こんなことが帳簿の上で蔓延している。監査役が経営陣に手を貸して帳簿をでっち上げる。公式の証明書をねつ造する。最高経営責任者が会社の資金を失敬する。犯罪に費やすエネルギーのなんと旺盛なことか。しかもこの現象は遠く離れたアメリカに限ったことではないのだ。

ドイツ企業と経営陣のイメージがつくり上げる社会的なステータスはむごたらしいばかりに低い。二〇〇〇年も終わりに近づくころ、この二つの支持率と信望は急降下し、経営陣のステータスは、社会にとっての価値を測る評価基準の最低まで落ち込んだ。企業経営陣の他に社会から是認されていないのは政治家だけなのだ。

ことの始まりは総合エネルギー企業、エンロンだった。同業二社が合併して一九八五年にできた同社は、その数年後には北米とイギリスでは天然ガスを扱う最大手に成長する。株式市況が好調な時で、同社の株価は急上昇した。当時蔓延していた底抜けに楽天的な経済見通しに煽られ、最初の注意信号を誰もが見落とした。二〇〇〇年八月、最高経営責任者が新たに任命されるが、わずか数か月で辞任している。二〇〇一年八月、エンロンは四半期報告で初めて赤字を発表、これがきっかけとなり、投資家と証券取引委員会は疑いの目をかけ始めた。同年一一月、エンロンは実に一九九七年から連綿と不正会計を行い、利益を膨らましていたことを認めた。実に二二〇億ドルの巨額赤字を計上したのだ。当時、アメリカ史上最大の企業破綻となった。

その後数か月の間にエンロンと同様なスキャンダルは、測ったように定期的に繰り返されることになる。主役はどれもずさんな経営のつけが回った企業だ。次なる衝撃が襲いかかったのは二〇〇二年夏、電気通信事業のワールドコムが証券取引所と一般社会を震撼させた。最高経営責任者バーナード・エバースは一九八三年に会社を興し、その後一九年の間に六〇以上の企業を買収して、売上高三五〇億ドルを誇るアメリカで二番目に大きな電話会社を築き上げた。それでもアナリストが予想した成長スピードに追いつくことができず、株価の暴落を何としても食い止めたいエバースは帳簿を不正操作した。だがスキャンダルは発覚し、エバースは三八億ドルを架空の勘定科目に計上しており、実際にはそんな金は存在しないことを認めざるを得なかったのだ。

その後すぐに、アメリカで第二位のコングロマリット、タイコ・インターナショナルがニュースになった。二〇〇二年夏、最高経営責任者デニス・コズロウスキーが、美術品を個人名義で購入したことによる一〇〇万ドルの脱税を申し立てられ、本人に対して法的手続きが進んだ。コズロウスキーは過去四年で三億二六〇〇万ドルというアメリカの基準をもってしても高い報酬を受け取っていた。わずか一〇年の間に企業一二〇社、六〇〇億ドル相当を買収し、国際企業の地位を手にしたタイコの末路だった。

そんな調子でスキャンダルは続いた。資本主義社会の大黒柱であるゼネラルエレクトリックやIBMすら好ましからぬニュースの種となり、新聞の第一面に載る始末だった。この種のスキャンダルがピークに達した時期、一五〇社を越えるアメリカ企業が自らのバランスシートは現実の財務状態を表してはいないと認めたのだった。

こうした企業の従業員と株主は数十億ドルという金を失ったが、損害を受けたのは内部関係者だけではなかった。ワールドコムの株価が暴落し、同社の年金受給者は一一億ドルを奪われてしまったのだ。[3]不正会計工作のやり口がここまで白日のもとにさらされた例はかつてなかった。衝撃波が世界中の金融市場に広まり、投資家は神経をとがらし、社会に対する企業の信頼はひどく傷つけられた。

アメリカの司法はこれら詐欺行為を犯した者を厳罰に処した。ワールドコムの最高経営責任者、エバースは二五年間の刑務所送りとなったが、従来、これほどの長期刑を科されるのは暴力犯罪に限られており、業務上の犯罪には軽い刑が言い渡されてきた。アメリカの法規範に新たな局面を開く判例となった。

アメリカ以外の国では粉飾決算書を作成した者も刑務所に送られた。イタリアの乳製品メーカー、パルマラートの経営破綻は単なるショッキングなニュースにとどまらず、社会一般に実害が広がった事件となった。イタリア中央銀行が発表したところによると、実に八万五〇〇〇世帯が収入を失うか、貯蓄を使い果たすなどの影響を受けたという。[4]

ドイツの検察官と裁判所も事実を究明すべき同様な事件を抱えていた。ここでキーワードとなったのは「ニューエコノミー」と「ノイアマルクト」のディーリングルームだった。ここではビジネスの厳格なルールなど窓の外に放り投げられてしまったようだ。お金はもはや額に汗して稼ぐものではなくなってしまった。新しく登場した株を一度か二度投機買いするだけで金持ちになれたのだ。企業の将来的な見通しは、優れた製品とか、大々的な資本投下によってではなく、光沢のある上質紙に印刷された夢物語のようなパンフレットで決まった。言うまでもなく、そこに謳われる製品は、素材からつくられた実体あるものではなく、店舗で売られることもない。インターネットを通して仮想現実の市場に出された。生粋の〝ノイアマルクト〟企業が従うと思われるカンパニーポリシーが一つあるとすれば、それはインターネットだった。

タブロイド紙はいちばん大きな活字をかき集めて大見出しを作り、ノイアマルクトを祭り上げた。「来週月曜にまた大儲けしよう！　株のおかげで月収一万ユーロがあなたのものに」という具合だ。

自らをアナリストと呼ぶこの世界で有力な専門家は、投資家になりたい人たちを待ち受けている絶対間違いない本命株を大量に知っていた。そんな連中のひとりは証券取引所で失敗のない投機買いをする三つの黄金のルールを残して歴史に名を留めた。その一番目のルールとは「正しい株を買いなさい！」だった。

別の企業の役員が毎日のようにメガ合併の交渉に没頭しているというのに、自分がそうした交渉に係わっていないと、企業の経営者は習性として「私には能力がないのだろうか」と疑いを持ち始めるものだ。これまでドイツ経済を強化し、第二次世界大戦後、類を見ない復興の原動力となった〝ドイツ株式会社〟は過去の成功例として見限られてしまった。当然の成り行きとして、最新の経営理論に従いドイツの企業は買収される方向にまっすぐ向かって行った。ドイツの企業経営陣は次のように言って時代の趨勢に流されていった。監査役会が異議を申し立てようと気にすることはない。あれはまったく廃れた制度なのだ。企業の社会的責任など忘れてしまえ。あんな時代遅れな代物、さっさと捨て去るべきなのだと。

この集団的狂乱状態がもたらした結果は、良きにつけ悪しきにつけ、いまだに感じ取ることができる。成功とは汗水流して働いた結果であり、他人を騙して手にするものではないと、正気に返った私たちは改めて認識した。これはいいことだ。あなたがかつて砂上の楼閣を築いた本人でないなら、ましてそこの主でないのなら、これは素直に高く評価できる結果だろう。翻って、集団的狂乱状態が引き起こした被害は甚大だった。資産は失われ、人々の生活は荒廃した。何にも増してビジネス界と個々の企業がそのイメージを失墜させたことの痛手は大きい。これから先、長きにわたって経営陣は地に落ちたイメージを受け入れていくしかないのだ。

新興企業を一手に引き受けるノイアマルクト証券取引所（Neuer Markt）は、ドイツ版ジャスダックというべきハイテク・ベンチャー企業向けの市場として一九九七年に開設された。しかしそれがもたらした結果は、まさに破滅的と言うしかない。二〇〇〇年三月、同市場全銘柄で構成する株価指数、Ｎｅｍａｘは頂点に達し、二二九社（総市場価値二三四〇億ユーロ）が株式を公開した。その前年だけでも実に一二九社が、投資家のポケットから数百万ユーロを引き出すチャンスとばかり、銘柄リストに加わった。すべて銀行の積極的な後押しと、ドイツ証券取引所の管理のもとで行われたことだ。しかし結果的には、ドイツ証券取引所はこの新興企業の取引所を閉鎖した。輝かしい未来への見通しは徐々に消えていき、最後は何も残らず、その過程で約二〇〇〇億ユーロが消えてなくなった。[5]

「消えてなくなった」というのは正しい言い方ではないかもしれない。証券取引所に投げ入れられた金は消えてしまったわけではなく、他人の手に渡っただけだからだ。例えばハッファ兄弟の手に。同兄弟によるドイツのメディアグループ、ＥＭ・ＴＶ社はノイアマルクトのスター格で、地中海でもっとも上流階級が集まる港のヨットでパーティーを催したものだった。ところが粉飾決算のスキャンダルが持ち上がり、損失は数十億ユーロに達し、ミュンヘンの地方裁判所で訴訟手続きが進んだ。甚大な被害をこうむったにもかかわらず、債権者と株主は負債を弁済することにして、同社は生き残った。

世界を制し、時に傲慢な取引に出ることもあったハッファ兄弟は、現代の資本主義者のゆがんだ姿を映し出し、この経済機構に批判的な評論家の格好の標的となった。彼らは極端な例かもしれないが、決して珍しい例ではない。

コムロードの創業者ボド・シュナベルは、何年にもわたって自社の売上高を大幅に水増

しした かどで告訴された。二〇〇一年の総売上高を九四〇〇万ユーロと発表しておきながら、実際にはその約一・五％しかなかったことを法廷で認めた。シュナベルは虚偽の決算書を発表して株価を押し上げ、その売り上げでおよそ二七〇〇万ユーロを懐に収めていた。[6]

ミュンヘンを本拠にする投資ファンドマネジャー、ゴットフリート・ヘラーは、株式市場のカリスマ的存在、アンドレ・コストラニーの長年にわたる同僚だった人物だ。そのヘラーは今回の惨事を次のような言葉で総括している。「IPO（新規株式公開）には犯罪の色合いを帯びたケースが頻出しています。新たに市場で株式を公開するためだけに得体の知れない会社を設立し、過剰宣伝に乗せて売り込むのです。そうしておいて無知な投資家にその会社株を買わせる。投資家を別として、画策に参加した誰もが大儲けです。会社の設立人、銀行、宣伝に加わったアナリスト、それに株式市場専門のジャーナリストたちですね。特にジャーナリストは初めから気前のいい取り分を認められている。大損するのは小口投資家ばかり。この人たちは戦争で言うなら消耗品と見なされる兵隊のような扱いを受けたわけです」[7]

トリックを一つ、二つ、密かに用意していたのは新参企業ばかりではない。伝統的に高い評価を受けていながら、会計上の誠実と不誠実の境界線までずるずると運ばれていったドイツ企業もある。建設業大手のフィリップ・ホルツマンは不正資産評価を疑われ、その後間もなく破産を宣言した。銀行のベルリナー・バンクゲゼルシャフトは健全な財政状況に復帰するのに数十億ユーロという犠牲を払った。投資コンサルティング会社ＭＬＰの最高経営責任者だったベルンハルト・テルミューレンは、採算部門の成長ぶりにスポットライトが当たるよう、年次会計報告を不正操作し、退任、その後告発を受けて裁判所に出頭した。

「今日の株式市場は利潤が絶えず増大していないと気が済まない」だけでなく、「妥当な額の配当を支払えと、経営陣にかかるプレッシャー」はかつてと比べて途方もなく重くなった。こう苦境を訴えるのはプロイサグ（今は社名がＴＵＩに変わり、旅行代理業が主たる業務となった）の財務担当重役だ。ハンブルグに本拠に置く経済学教授エーベルハルト・シェフラーはこう言い切る。ドイツの企業経営陣は「攻撃型の会計処理方法をますます取り入れようとしている[8]」

そもそも作成者の恣意が入る余地のないものだった、信頼できる会計処理から逸脱する行為が始まったのは、一九八〇年代のことだ。皮肉なことに、当時は誰もがこうした逸脱が将来は起こらないように歯止めをかけようとしていた。株主はどん欲なゲッコー・スタイルにも、無能な経営陣にも辟易していた。特に無能な経営陣ときたら、会社をだめにして、破綻が始まりかけているという時に巨額の報酬を吸い上げていたのだ。株主の利益を守るべきと〝シェアホルダーバリュー〟理論がますます支持を集め始めたのはこの頃である。

アメリカで生まれたシェアホルダーバリューの基本的なコンセプトには当初、見るべき点がたくさんあった。一九八六年にこのコンセプトを初めて紹介した著書の中で、アルフレッド・ラパポート教授は次のように記している。「会社経営陣が二者択一の選択を迫られた場合、選択すべきは競合会社との競争においてもっとも永続的かつ、もっとも大きなアドバンテージをもたらす戦略である。この戦略こそ、すなわち最大のシェアホルダーバリューをもたらす戦略なのである」[9]。なかでも〝もっとも永続的かつ、もっとも大きなアドバンテージ〟、ここが重要な部分である。

これがシェアホルダーバリューのもともとの理念だったのだが、次第に何か別のものに変わってしまった。現在、企業の成功を計る尺度としてまず持ち出されるのは株価だ。経営陣を高潔の道から外れないようにする手段として、シェアホルダーバリューの上にストックオプション制度が加わった。株式にかかわるこのパッケージは、一つの成功報酬として経営陣に付与されるのであり、その意図は、経営陣と株主の利害関係を一致させることにある。ところがこのパッケージこそ惨事を巻き起こすレシピであることが後に判明する。経営陣の報酬が株価と事実上連動するとなれば、どんなに高潔な人物といえども抗しがたい誘惑となり得るのである。

結果は初めから目に見えていた。絶対的な優先権を与えられたのは〝パフォーマンス〟で、四半期決算報告に表れる、熱に浮かされた上っ面の結果で評価された。決算の数字を急上昇させるなど、つい出来心が働くほどに簡単で、絶えざるハードワークなど必要ない。例えば、合併が今にも起ころうとしていると根も葉もない噂を流す。あるいは「ニューエコノミー」で持ちきりの最新ニュースの類を流す、ただそれだけでよかった。企業の未来を、バラ色のメガネを通したように描く才能のある人物が、経営者の座に居座った。彼は世界の市場を席巻するプランでメディアの心を奪う。周りのアナリストや株式市場の専門家連中がもっとやれとけしかける。彼は椅子に背を預け、株価と自分の財産がめまいするほど高く昇っていくのを眺めていればそれでよかった。まだ上昇率が物足りないと思えば、「クリエイティブな会計処理」という奥の手で株価を急上昇させた。分別をわきまえていたはずの大企業すら、この力を借りてしまった。

企業による粉飾決算スキャンダルが次から次へと起こるのを見るにつけ、ひとたびこれを思いついたら最後、抜け目ない資本家には抗いがたい魅力であったことは容易に想像がつく。私腹を肥やすためなら従業員と社会全体を犠牲にすることもいとわない連中だ。そうとでも言わなければ大手鉄鋼品メーカー、マンズマンの経営陣の言い分に説明のつけようがないのだ。デュッセルドルフで行われた法廷で、被告席に立たされた同社経営陣は、自分たちが数百万ユーロのボーナスを受け取ったのは正当である、つまり株主を豊かにした我々には、売上高から一定の取り分を得る権利があると主張したのである。審議が続く中、シェアホルダーバリューとは〝金をひったくって逃げろ〟という意味にしかとれないことが明白になっていった。

シェアホルダーバリューにはもう一つ汚点がある。企業が大幅な利益計上を発表する。それと同時に、誠に遺憾ながら、今回数千の従業員を解雇せざるを得ない状況だと発表がなされる。二つの発表が重なる場合があまりにも多い。こういう発表があるたびに、あその株価はすぐに上がると人々は確信を持つようになった。

しかしながら、この「未来を管理する方法」に疑惑の目が注がれたのは、ようやく株式市場が長い低迷期に差し掛かり、とりわけノイアマルクトが破綻寸前と見られてからであった。好景気から一転して反落する動きは、例えば四半期決算報告の使われ方を見れば予見できたのかもしれない。もとは投資家の良き情報源だったものが、どん欲でなりふり構わない経営陣により、事実以上に明るい絵を描く手段として悪用されていたのだから。

証券取引所の動きは経営者個人の銀行預金残高にますます直接的な影響を及ぼすようになっていた。ハンブルグを本拠に置くエコノミスト、ミハエル・アダムスが〝アメリカの疾病〟と呼んだ経済事象がドイツ中に蔓延し始めた。アダムスの結論をご紹介しよう。「雇われ社長は、役員と従業員の間の分配戦争を自分たちに有利になるよう決めてしまった[10]」

ストックオプションを経営陣に授ける企業の数も増える一方だった。言うまでもなく、これらオプションは株価が上がってこそ旨みが出る。株式市場が楽観的雰囲気の頂点にあった時は、ドイツ企業の一四〇社がこの種のストックオプションを認めていた。経営陣はそこに込められた暗黙のメッセージを充分心得ていた。「機が熟したなら力づくでも株価を上げろ。そうして銀行まで全員が笑ってことを終わらせろ」。メッセージはそう語っていた。

四半期決算報告書は、その結果が会社の経営陣自らに跳ね返ってくる諸刃の剣でもある。近年この報告書をめぐって、有益と言うにはほど遠い影響を及ぼす、アナリストという名前の新たな人種が出現している。大抵の場合、アナリストとは学校を出たばかりの若者で、実務経験がなく、人間性への理解も欠けていることが多い。彼らは習ったばかりの人気のある理論をオウムのように繰り返す。シェアホルダーバリューもそのうちの一つだ。

充分に根拠のある経済構造、伝統的な価値観、人と人との結びつきをなおざりにして、彼らアナリストのコメントが株価を上下する。値動きがあればそれがアナリストの利益になるのだ。学校の中でしか訓練を受けていない若者、頭の中は途方もない目標でいっぱいの野心家。せっかく経営陣が上手に采配を振るい、基盤もしっかりした企業の運命を、そうした連中が握っている。何千人という従業員とその家族の運命は、アナリストの一言で決められてしまう。何という傲慢だろう。

「金融アナリスト、ファンドマネジャー、投資銀行家。こうした連中に企業の実態を評価できる能力があるなど、いったい誰が考えついたのだろう」。ドイツとスイスの国境近くの街ザンクトガレンに本拠を置く経営エキスパート、フレードムント・マリクは一刀両断にこう切り捨てる。「わずかな例外はあるにせよ、こうした連中が昨今私たちにもたらしたものは、経済学の専門知識による裏づけなどかけらもない、無知と高慢による不正確な評価と間違った判断が織りなす乱痴気騒ぎだけだった」[11]

アナリストやメディア向けに良い結果をもたらすこと。いったん発表したからには引き続きサクセスストーリーと華やかな買収劇を演じること。経営陣の双肩にはそうした重圧がずしりとのしかかっている。そんなプレッシャーがかかっていては、企業の着実な発展に焦点を当てた、首尾一貫したポリシーをじっくり考え出す余裕はない。現代の金融市場とは虚栄の市だ。その立会場では企業の着実な発展などほとんど顧みられないし、賛同を得られないのかもしれない。

アメリカでは、アナリストを代表とするこの種の人々を相手取った訴訟が起きている。真実を一時的に修正することと、真実から全く離れてしまうことは別だ。しかしこの二つの間に引かれた境界線を踏み越えるのはいとも簡単である。そのことは訴訟の件数が物語っている。ドイツでも多くのビジネスマンが知らない間に踏み込んでしまうグレーゾーンがある。ひとたびそこに踏み込むと、盤石だったはずの株式市場の原則が揺らぎ始める。アナリストと利害の点で衝突するようになる。彼らアナリストは破綻が発表される直前まで、ある特定企業の株を推奨し続ける。アナリストは銀行にも使われている身だ。推奨しなければ銀行はアナリストともども行き場を失ってしまうのだ。

企業が雇う監査役に寄せられる信頼も、一時は重大な危機にさらされた。雇われた監査役が、顧客である企業のいいかげんな決算報告書に署名捺印することで、免罪符を与えているケースが多いものだ。こうした事実がある以上、いきおい人々はビジネスの世界など徹頭徹尾、嘘と偽りで塗り固められていると考えてしまいがちだ。『フランクフルター・アルゲマイネ・ツァイトゥング』紙は次のように書いている。「シェアホルダーバリューを一切の妥協なしに実施しようとしても、ことわざに出てくるような金の詰まった壺にたどりつく見込みはあまりない。シェアホルダーバリュー最優先の経営をすれば株主には最大限の利益をもたらすだろうが、それ以外の生産要素、とりわけ従業員をないがしろにすることになる」

〝ニューエコノミー〟の夢物語と、シェアホルダーバリューを偶像視する愚かさをマリクほど舌鋒鋭く糾弾した人はいない。「〝ニューエコノミー〟を褒めちぎる人々は間違いなく経済学について何も理解していない人々である。シェアホルダーバリューの拡大を図り、株価を押し上げる人々は適正なビジネスマネジメントの意味するところをまったく知らないだけでなく、それゆえ危険な人々である。経営陣にストックオプションを認めるように求める人々は世間知らずなあまり、起業家としての成果は証券取引所にて評価されると思い込んでいる人々である」[12]

マリクの裁定には真実の響きがある。シェアホルダーバリューとはこれまでずっと誤解されてきただけでなく、初めから間違った考え方だ。シェアホルダーバリューは企業運営とその目的を、ただ財務会計の観点のみから見ているのであり、株式市場、アナリスト、ファンドマネジャー、そして一般投資家の関心事を象徴しているだけだ。関心事は自分の株券が生む利益だけで、企業そのものにはひとかけらもない。

経営陣の抱く会社経営の意図と目的、そして投資家とコンサルタントの抱く意図と目的。この二つがごちゃ混ぜになってから、おかしな方向に進み始めた。企業の経済を追求する目的は、配当を手に入れたいという株主の要求に覆われて、見えなくなってしまった。この事実がしっかりと理解されていなかったために、おおっぴらに不正の機会が与えられてしまった。合法的に見えるようにバランスシートを改ざんし、不正に会計を操作し、一般大衆をごまかし、過大な報酬を経営陣に支払うといった悪行が、かつてどんな社会も経験したことのないほどに蔓延したのである。

それでは今私たちは何をすべきなのだろう。よしんば〝正直な商人〟の時代は終わったとしても、原則の一部なりとも復活させることができるはずだ。長期にわたって利潤を上げる企業経営になくてはならない原則だ。お断りするまでもなく、ここで言う利潤とは顧客、従業員、社会全般、株主、そして経営陣が等しく受けられる利潤である。企業のイメージはすっかり擦り切れてしまい、それゆえ多くの企業と経営陣は現在不振に喘いでいる。どうすればもとの光沢をいささかなりとも取り戻すことができるだろう。

長年ネスレに勤め、最高経営責任者を極めたヘルムート・マウハーは、確信をもって次のように述べている。「経営陣たるもの、今一度、実質的な内容のこもった、長期的な企業の発展に力を集中すべきだ」。幸いにも、こうした意見の持ち主はマウハーひとりだけではなく、多くの企業が長期的に価値を高めていくこと、忍耐強く何十年にもわたって国際的に通用するブランドを構築していくことを重要視している。

今回の災禍は百年も前に予測されていたと、現代の経営マジシャンの術中に陥らなかった私なら、少しだけ皮肉を込めて申し上げても許してもらえるかもしれない。一九世紀末の傑出した経済・社会学者であるソースティン・ヴェブレンはこう記している。「金融は経済活動を妨げる。手品師のごとく危険な技を弄して企業に終焉をもたらす。対して、技術者は経済に利益をもたらし、付加価値を創造する本当のクリエイターである。なぜなら彼らは現代的な製造方法を導入することで、製造過程を保護するからである」[13]

ヴェブレンの見解に賛成の私は、近年の推移をじっと見守ってきた。だから言っただろうという気持ちを抑え、トゲのあるコメントはしないように努めた。経済全般が繁栄して初めて、個人としても企業としても成功することを心得ていたからだ。私は資本主義の重要な原則を忠実に守った。その原則とは何か記しておこう。社会主義が淘汰された以上、企業スキャンダルが発する毒気に資本主義が溺れることはない。資本主義者が進める改革が、資本主義が生んだ子どもたちを食いつぶすこともない。経済危機とは自由市場経済を構成する一つの要素で、浮き沈みは覚悟してかかるしかない。ほかの経済機構と比べて資本主義の方が道徳的に正しく清廉であるから、社会に対して責任を果たし誠実であるからという理由で資本主義は力を得ているのではない。資本主義はその高い効率、柔軟性、〝自己浄化〟作用から力を得ている。過去の経済危機一つ一つが、ここに挙げた原則が真実であることを証明している。

利益を得ようと大きな志を抱き奮起することは、いつの時代も資本主義の一部である。〝自由市場の父〟アダム・スミスはこのことを早くも見抜いて次のように記した。「私たちが肉屋、醸造業者、パン屋から食べ物を得ているのは、店主に慈悲の心があるからではなく、彼らが事業を守ろうとするからである。店主の人間愛に訴えるのではなく、彼らが自らを愛する気持ちに訴えるのである」。エゴイズムがむき出しの強欲に堕することを許してはならないこと、〝ジャングル化した資本主義〟を防ぐため、法的な制約、ルール、とりわけ強力に管理する力が必要であるとスミスが見抜いていたのは明らかだ。その言葉を現代流に解釈するなら、今以上に実効をもって、株式市場をコントロールする方法、証券取引所の活動を管理する優れた機構が必要なのである。

ただし、ここで今一度思い出すべきことがある。確かに法律や規則は欠かすことのできない条件に違いない。しかし資本主義が自律した体質に戻るには、人々のビジネスに対する良心のあり方が変わり、ビジネスの原則を改めて尊重するようにならなければ、変わることはない。

特定の関心しか抱いていないシェアホルダー（株主）やステークホルダー（企業に関連する利害関係者。この方がシェアホルダーより考え方として優れていると思われているが、それは幻想に過ぎない）といったグループに、すべてのコンセプトや戦略的な計画の焦点を当てるのではなく、企業それ自体に当てるべきだ。これは今述べた原則の一つであり、上手に経営の采配を振るう秘訣である。この事から次のような結論を理論的に導くことができる。企業にとって良いことは、従業員や株主にとってもまず間違いなく良いことである。その反対の取り組み方はまるで理屈に適っていない。私たちはことある毎に自分に向かってこう問いかけるべきだと思う。「強い会社とはどんな会社だろうか。強い会社であり続けるには何が必要だろうか」

その焦点に置かれるべきは顧客だ。商品なりサービスに満足した顧客は、その企業にとっての血液である。顧客は、株主、従業員、経営陣より上位に置かれねばならない。経営陣というのは、たまたま受け取っている報酬の額が大きいだけで、あくまで従業員の一部なのである。フレードムント・マリクは明瞭な結論を引き出している。「顧客満足度は、企業が競争の中から何を顧客に提供するかで決まる。従って決定的要素はシェアホルダーバリューではなく〝カスタマーバリュー〟であり、バリューを増やすことではなく、競争に勝っていくだけの力量なのである」

この関連において、もう一つ確かな結論を導くことができる。学者と評論家が中流階層が復活していることを認めたのは偶然ではない。普段地に足の付いた生活を送っている人々は、伝統の意義を再発見している。学校の教師は生徒に〝ありがたみ〟という価値を尊ぶことを教え、賞賛を得ている。今、新たに求められているのは、生活を不確かにする要素を遮蔽できるもの、とりわけ基本的な原則なのである。

もし〝正直な商人〟が、滑稽で無味乾燥なイメージを脱却して、社会に出る若者にとって意義を取り戻したら、大きなメリットが得られるだろう。戦後ドイツの復興に貢献した銀行家、アブスの時代に広まっていた気風を復活できるかもしれない。そのヘルマン・ヨーゼフ・アブスの言葉をご紹介しよう。「利益を上げることは結構なことだが、それがすべてではない」

問われているのは、株主尊重という短期的かつ表層的な利益だけではない。もっとたくさんのものが私たちの判断にかかっている。企業経営者にはビジネスの根幹を成すいくつかの原則が必要だと私は確信している。困難な時にもそれにきっちりと従い、別の方角から風が吹いてこようとも、変える必要のない原則だ。その中でもっとも重要なのは絶対的な信頼である。顧客、サプライヤー、投資家、従業員といったビジネス上のあらゆるパートナーと、誠実に、公正に、いかなる不正もなく取引を行うことが、ビジネスで成功を収める上で欠くことのできない倫理的な基盤となる。信頼なきところに、ひいきにしてくれる顧客などあろうはずがない。品質に信頼の置けない企業、あるいは社会の倫理を守れない企業から、製品やサービスを買う人がいるだろうか。

企業が信頼を勝ち取るためには、必要に応じてその原則をオープンに主張することも求められる。私たちの取り組みはこの点でも間違ってはおらず、ポルシェの実態と将来の可能性を具体的に示してその価値を資本市場に納得させた。一方、〝ノイアマルクト〟の旗頭として、市場が両手を広げて迎えた企業の多くが経営破綻してすでに久しい。彼らの四半期決算報告書が、紙切れほどの価値もなかったことを示している。

ビジネスの成果は数字で表されるが、数字そのものが目的ではないことを私たちは忘れてはならない。企業が存続するには大切な原則がいくつかある。しかし企業人にその原則を守ろうとする信念がないかぎり、机上の理論でしかない。個々の企業にとっての価値基準を数字で表すことも、これまたできないのである。

第三章

珍しい鳥

今でも健全な経営者は存在する

南ドイツ、アルゲウ地方のある醸造所は変わった催しもので顧客を引きつけている。ずいぶん以前から始めた、敷地内の建物を訪ねるガイドつきのツアーである。ツアーが終わるころはすっかり日も落ち、いつも夜空には満月がぽっかり浮かぶ。明かりを落とした部屋に神秘的な音楽が流れ、どこからか聞こえる静かな声が、満月の持つ不思議な力を物語る。やがて薄暗い天井に小さな電球が何百と点り、人工の満月はそれらしく作られた天空を横切っていく。

革新的な経営姿勢をもつ同族会社、ツェトラー醸造所は、こうした仕掛けを使って「アドベンチャー・ブルワリー」ツアーに参加者を呼び寄せ、最新の製品を宣伝している。宣伝の大切さをよくわかっているのだ。同社では満月の夜には必ず特別のビールを醸造し、そのビールは同地方の主要都市メミンゲン、ケンプテン、オーベルストドルフで大変な人気を呼んでいる。

最高経営責任者のヘルベルト・ツェトラーに満月の夜に作るビールはどこが特別なのかとたずねると、こんな答えが返ってきた。「満月が持っている不思議な力がすべて込められているのです」。ツェトラー自身、これが顧客の空想をかき立てるうまい売り方ではあるが、実際のところ根拠がないことは十分承知しているのだ。ツェトラーは国内外のメーカーを相手に、ほとんど勝ち目のない競争を強いられている。しかもドイツではビールの価格が下落し、消費量も落ち込んでいる現在では、他社と同じことをやっていては到底勝てる見込みなどない厳しい情勢だ。

しかしツェトラーの祖先は、醸造所を三度も焼失する悲運を味わいながらも、幾多の戦争や農民の反乱を生き延びてきた。ツェトラーはビール醸造の伝統を受け継ぐ一族の二〇代目にあたり、その手元には一四四七年創業であることを示す証明書がある。少し前のことだが、ある雑誌が彼の会社はドイツでもっとも古い同族会社だと報じて以来、ツェトラーを取材すべく新聞や雑誌記者が引きも切らず訪れるようになった。

ツェトラーは伝統があるのは素晴らしいことだと思っている。しかし伝統だけでは会社は生き残れない。日々、新たな努力を求められるというのが彼の実感だ。実際、自分の代で築いたものに価値があることがここにきて証明されつつある。「私たちはお客様の身近にいるので、嗜好がよくわかります。私たちが提供しているのは大手ビール会社の商品とはまったく別の製品です。それに顧客の要求にもずっと迅速に対応できます」

創業以来、あらゆる世代におよぶ顧客が、この小さな家族経営の会社に寄せる信頼こそ、自社の本当の強みだとツェトラーは見抜いている。かつてほどには自明の理と言えなくなってしまっている、信用と公正という二つの価値観に彼の会社は立脚している。ドイチェラントラジオのインタビューに答えて、ツェトラーはこう語っている。「私たちが良質な原料しか使わないこと、電話を掛ければ、直接私たちと話ができることをお客様は知っています。それにうちが家族経営で、経営者の顔が見えない企業ではないこともご存じです。

こうしたことが、私たちが将来にわたって健全な経営を保つ大切な要素なのです」[1]

伝統ある企業の価値を再発見した大衆とメディアは、こうした企業にふたたびスポットライトを当てた。かつてシェアホルダーバリュー（株主尊重）の嵐が吹き荒れた頃は、伝統ある企業など陳腐で時代に遅れた、ばかばかしいまでに旧式なビジネスモデルだと、誰も見向きもしなかったものだ。ドイツ固有の、せいぜい広く言ってもヨーロッパにしか残っていない、資本主義の黎明期という過ぎ去りし時代の遺物として片づけられていた。

株主尊重主義というニューウェーブが最高潮に達した当時は、企業経営陣たるもの一日中合併の好機をねらって過ごさなければ、その座から滑り落ちると考えられたものだった。合併こそ成功を保証する最良の策だと思われた。どうやら未来は地球規模で活動するグループの手に、それも社長と経営陣の結びつきが希薄な（これは実態を表すには控えめな表現だ）グループの手に握られているようだと誰もが考えていた。成功の見返りとして、社会から認められるとか、リーダーとしてのプライドを得るといったことは時代遅れと考えられていた。いま考えるに、この二つは高い収入と繁栄をもたらしてくれるかもしれなかったのだが。代わりに提示されたのは、何百万という価値の、期が熟したときに現金に変わるストックオプションだった。

ところが、市場の要求に対応するスピードや柔軟性、他社と差別化を図る長期的かつ戦略的なポジショニングと比べれば、規模そのものは重要でないことに、私たちはしばらく前に気づいた。特に小企業が独立性を保つうえで必要とされる利潤は、株主優先策などより重い意味がある。この事実も近年ますますはっきりと見えてきた。

では地球規模の資本市場、多国籍企業グループが台頭するこの世界で、同族企業は運用可能な組織形態なのだろうか。時代は変わった。この質問そのものがもう時代遅れだ。水増しした売上高、不正操作を加えたバランスシート、ひどく誇張された新会社設立趣意書、こういうものにまつわるスキャンダルをさんざん聞かされた今では、一つのことがはっきりした。経営のセオリーを教える教科書では、高い地位を占めているストックオプションだが、これに引き込まれた企業経営陣は時に大きすぎるリスクを冒しかねない。株価が上向くように、つまり自分のオプションの価値が上がるように、次の四半期報告書をどう書くかばかりに取り憑かれたとしても無理はない。こうした状況とそれがもたらした結果は前の章で考察した。

伝統的なビジネスモデルは死滅したと一時ニュースでは伝えられたものだが、よく使われる表現を当てはめるなら、それは事実をひどく誇張していた。死滅したどころか、伝統的なビジネスモデルは明らかに今、ルネッサンスを謳歌している。[2] 実業界の流行を追いかける目端の利いたビジネスコンサルタントですら、同族会社が成功への可能性を潜在的に持っていることを改めて発見しているところだ。しかし、今人気のビジネスマネジメントのトレンドとは脈絡のない過去の事例により、その可能性はすでに何度も実証されている。
国際的にも、同族会社に賛同する声が次々に上がっている。経営者の顔が見えない株式資本企業の多くがスキャンダルを被り、一歩間違えれば破滅という危機を経験しただけに、そういう声が上がっているとしても驚くにはあたらない。例えばイタリア人の経済史研究家アンドレア・コリは、産業化が始まって以来、同族会社が示してきた生き残るための活力と力を賞賛している。[3] コリが例に挙げるそうした企業の一つが、イタリアのテキスタイルメーカー、ベネトンだ。イタリアは一族の絆が強く、歴史を通じて同族会社が栄えている国である。またアジア諸国の事例史も、様々な家族経営の企業が能力を発揮して、幅広い分野で成功を収めていることを立証している。
ドイツでは同族企業が過半数を占めており、国の経済のバックボーンをなしている。基盤がしっかりしていて、成功に満ちた伝統を持つ同族会社は、経営者の顔が見えない株式会社よりはるかに前向きに発展している。売上高の伸びも高く、危機的状況での耐性も強く、過去二〇年のあいだに二〇〇万の人に新たな雇用の機会を創出した。ひるがえってメジャーな企業グループは同じ時期に何十万もの従業員を解雇したのである。[4]
ドイツ南部のシュワーベンは成功した同族会社が多数集まっているので有名な地域だ。

このシュワーベン地方が属するバーデン＝ヴュルテンベルク州には、グローバリゼーションに向かう時流を平然と無視する中規模の企業が数社ある。どれも世界のマーケットリーダーであり、国際的に事業を展開してきた長い歴史があり、低価格を武器にするサプライヤーとの競争などものともせずに今日にいたる企業ばかりだ。財政状態は健全で外部の投資家を必要とせず、従業員の給与水準も高い。

こういう企業のオーナーとはどんな人物なのだろう。太い葉巻を吹かし、労働者を搾取する人間として描かれる、典型的な資本家像でないことは確かだ。国際的なビジネススクールのお利口な卒業生でもない。彼らオーナーはいつも自社工場を歩いて回り、従業員に話しかけている。株主尊重、四半期報告書、財政アナリストのアドバイスしか頭にない経営者とは違って、ボディガードがついて回る必要もない。

これら模範とすべき雇用主の一人が、ライホルト・ウルト、「ネジの大立て者」だ。一九五四年に父親が亡くなり、一九歳の若さでシュラウベンハンデルスベトリーブ・アドルフ・ウルトＧｍｂＨ＆Ｃｏ．ＫＧを受け継ぎ、留め具と組立技術の世界的リーダーに仕立てた人物だ。今やウルト・グループは五万人以上の従業員を擁し、売上高七〇億ユーロを誇る。

ライホルト・ウルトが成功した秘訣とは何だろう。それはごく単純なことだ。ウルトは事業を常に心に留め、モノを売ることの要を心得ている。椅子にふんぞり返り、さあ働けと部下を送り出すタイプの経営者ではない。部下側も自分が高く評価されているのをわかっているから、ウルトに敬意を払っている。事業を築き上げ、独自の企業価値を付加した経営者なら、従業員から敬われるものだ。

ヴュルテンベルク地方の同族会社で采配を振るう多くの経営者の中でも、ライホルト・ウルトはもっとも成功を収めた人物と言っていいかもしれない。しかも一代で今の地位を築いた。ウルトにとっても一九七〇年代まで続いた戦後ドイツの「奇跡の経済復興」が追い風になったのは言うまでもない。この時期は他にも、やがて隆盛を誇った自動車メーカーのボルクバルト、ラジオの草分け、グルンディヒ社、造船のシュリーカーなど新規事業がたくさん立ち上がったのだが、ウルトとは対照的にいずれも不面目な末路を辿った。

いっぽう、ネジの大立て者が築いた帝国は今も成長と繁栄を続けている。その理由は、今日現れ、明日は消えてなくなる流行の経営方法とは関係のない、恒久不変の効力を有する原則に従って経営されているからだ。この不変の原則を守り、実践したのは、一四歳で学校を卒業してすぐに父親の会社の徒弟として働き、二〇〇四年にリタイアするまで現場にとどまって、会社の舵取りをした一人のビジネスマンである。退職の年、ウルトは事業資産の一切をある財団に移管した。自身の言葉を借りるなら「孫どもが会社の金をぜんぶフェラーリに注ぎ込まないように」である。

半世紀の間に、会社は独自の企業文化と最高経営者の手腕により成長した。その経営者ウルトは資本主義が生んだ経営技術主導型の管理者では決してなく、いろいろなことに関心を寄せる教養豊かな、洞察力溢れる人物である。彼のビジネス哲学で、人間が中心にあるのは偶然ではない。[5]彼が一番大切にしている金言を引用しよう。「人材をどう管理するか。これで利益と損失は少なくとも五〇％は左右される。資本と製品の重要性はあくまで二次的であって、もっとも重要なのは人材なのだ」

ビジネス哲学の中で、一緒に働く者こそ鍵を握る要素だとするウルトのような経営者なら誰でも、会社支給の優雅なクルマや成功報酬など物質的な報償の大切さを知っている。ただしそれがすべてではないことも見抜いている。実績を上げた社員はしばしばスイスかカリブ海で二週間を過ごす休暇を与えられる。その一方で、社員にやる気を起こさせる方法を一つ実行した。自己中心的で物質主義の世の中では意外とも思えるその方法とは、毎年、特に業績の良かった社員に、直接労いの言葉をかけることである。特に傑出した業績を上げた社員には金製、あるいはダイヤをあしらった〝栄誉のウルト・ピンバッジ〟が贈呈される。このバッジを授かることは努力が認められた証拠にほかならない。さらに売り上げの良かった営業マンには「トップクラブ」への加入が勧められた。

企業が目指すべき目標とは、長いサイクルの中で明らかになっていくものだ。四半期報告ごとに、今期はこれが目標、次期ではあれが目標、といった具合に表れるのではない。利潤の伴わない成長は企業にとって命取りである。これは企業オーナーのウルトがもっとも厳密に守った原則である。それにしても半世紀もの間、これほど効果的にこの原則を守れたのはなぜだろう。間違いないのは、株主尊重を偶像のように押し上げ、盲目的に崇拝したからではないことだ。ビジネスマンであるウルトは、自社資本に投資はしても、株主尊重のような理論には何の興味もなかった。

もっとも理論だけで、家族企業の社長がドイツでも指折りな金持ちになれたはずがなく、理論とはまったく別の原則があったということだ。それはネジ業界で若い徒弟として働いた頃に身をもって学んだものである。「一六歳の時、『おまえも物を売る術を学ぶころだ』と父から命ぜられ、二週間デュッセルドルフに行かされました」。企業にとって顧客がいかに大切かを若者はそこで学んだ。

それ以来、ウルトの会社では顧客を中心にものごとが進むようになった。ウルトには顧客が働く現場に赴くサービスマンが二万人いる。手工業を営む人や、作業所で働く人に売る品はボルトとナットにとどまらず、工作台、アングルグラインダー、冬場に現場作業員が着る保温下着など、多彩な品目を扱う。ウルトはサービスマンを単なる営業とは見なしていない。社内のガイドライン、「マネジメント・カルチャーこそ成功の秘訣」にはサービスマンが従うべき原則が定めてある。最初に掲げられているのが「決して顧客をだましてはならない」、次に「顧客の求めにぴたりと一致しなければ、商品を発注しない」、「完全無欠な公正さが顧客に安心を感じさせる」とある。また成功に結びつく具体的な指針として、「担当の顧客には週に一度は訪問すること」と定めている。

〝顧客に焦点を置いたセールス〟と表現するポリシーにウルトが重きを置いていたことは、自身がメディアに語った逸話からうかがい知ることができる。例えば『マネジャー・マガジン』誌によれば、必要とあらば社長自ら社員教育係を買って出ることも厭わなかった。[6]本社スタッフの接客態度が横柄だと判断したウルトは、なんと役所にデモ活動の許可を申請し、自ら手押し車を押して、かつての本社建物の前に現れたのである。

それは社員に、この会社がささやかな始まりから大きくなったことを思い出させるためだった。今でこそ、余暇には自家用飛行機を飛ばすライホルト・ウルトだが、父親の会社で徒弟として働いた頃は、手押し車でネジを顧客に配達したものだ。

『シュピーゲル』誌のインタビューに答えて、彼はコンピューターには反対だと自説を明らかにしている。[7]「販売員がお客様の前でラップトップをカチャカチャ叩くなど、大変失礼ですよ。きちんと相手の目を見ながら、天気だとか、休暇だとか、家族のことなどを語り合うべきです。調査によると、お客様が訪問してきたセールスマンにつき合っても構わないと思う時間は一九分だそうです。冬場でラップトップが暖まるまで一分ほどかかるとしたら、セールスに費やすべき時間の五％が無駄になってしまう。私たちにはとてもそんな余裕などありません」。ウルトはセールスマンからラップトップを取り上げたところ、売り上げが伸び始めたと言うのである。よくできた話だが、表面だけで判断はできないだろう。つまり顧客は大切に扱うべきだというウルトの信条と結びつけて、初めて本筋が見えてくるエピソードである。

セールススタッフに求められるのは顧客との関係を構築し、大切に扱い、信頼され、公正で誠実な態度で接することだ。それが会社のためになるからだ。実際、可能な限り多くの顧客を説得して商品を買ってもらう、企業にとってこれ以上自然な行為があるだろうか。

友好的でフェアな態度はセールスマンがものを売るプロセスで肝要ではある。しかし、的を射た商品を持っていなければ、市場で成功を収めようという努力もすべて泡となる。顧客は手厚くもてなしてもらえればありがたいとは思うだろうが、製品に代価に見合う価値がなければ元も子もない。市場で競争力のある商品を開発することは、ビジネスで成功を収めるうえで不可欠の要素である。

このことを知っているウルト社は、革新的な技術にたいへん重きを置いている。約二〇〇名のエンジニアと専門家が新製品を開発するために終身雇用されている。小さなネジや、固定具、あるいは組立器具の類は単純で、これ以上開発する仕事などないだろうと思われるかもしれないが、多数のパテントを取得しているウルトは、革新的な技術こそもう一つの原則、「品質はつねに価格を打ち破る」につながる鍵だと考えている。

そしてウルトはただ商品を売らんがために、ＤＩＹ市場を相手にした価格競争には加わらないとはっきり言い切る。サービススタッフを現場に赴かせるという、相対的にコストのかかる販売チャンネルをこれまでも守ってきた。パッケージにはウルトのロゴを印刷し、手工業の職人や、アパートのメンテナンス担当者が、自分は高品質な製品を購入しているのだと一目でわかるようにした。

会社が利益を生み続けるように、ウルトは製品の内製度を低く抑えている。それはポルシェを含め、成功を収めている自動車メーカーがしばらく前から取り入れている方法によく似ている。ほぼあらゆる製品がウルトの設計図、パテント、指示に従って社外で製造され、外注先の八〇%はドイツのサプライヤーで、ウルトが社内で製造している製品は全体の四%に過ぎない。建設業界の不況が何年も続き、手工業界で破産が相次ぐなか、コストカットは不可欠だが、他社の多くが行っていた従業員の一部解雇などは一顧だにしていなかった。ウルトが考える企業文化とは相容れないのである。

そのポリシーが五〇年にわたってライホルト・ウルトに成功をもたらした。株主尊重派の専門家には想像すらできない長い期間だろう。半世紀にわたり類を見ない優れた業績を残し、これまでやってきたのと同じように、創業者ウルトは、流行のいい加減な経営方法など入り込む隙間のない領域で未来を考えている。

彼には五〇〇年先も会社が存続している確信がある。六〇年などビジネスの世界ではたいした長さではないと語る言葉には、将来に向かって一層発展する土台作りは、自分が完成させたという自信がある。企業文化と従業員のやる気こそ、未来の成功をもたらす戦略的なアドバンテージだと考えているからだ。一九九四年に経営の現場から離れた身ではあるが、ライホルト・ウルトは力の及ぶ限り会社がこのポリシーに従うよう、抜かりなく目を光らせている。

ここまで見てきた私たちは、ウルトの会社がこれから先も永く生き続け、競争していくうえで大切な要素をもう一つ持っていることに気づく。ウルト社は本社のある地域社会にしっかりと根を下ろし、近隣地域の住民と密着し、地域の発展を推進した第一人者である。市民運動のリーダーを務めるかたわら、カールスルーエ大学教授として卒業生の職業訓練に献身し、二つの博物館の運営にも貢献している。

その博物館の一つ、キュンツェルサウにある「ネジとネジ山の博物館」には同社の業務と直接関係する技術関係の品々が展示されている。同じ街のウルト博物館と、そのそばにあるシュフェービッシュ・ホールでは、大都市から離れたこの地域の文化向上を目的に、ウルトの企画で定期的に展示会が催されており、従業員も併せて恩恵を受けている。

ウルト・アートコレクションはすでに八〇〇〇点もの芸術品を所蔵しており、その中にはエドゥアルド・チリーダ、マックス・エルンスト、デイヴィド・ホックニー、さらにはパブロ・ピカソといった重要な芸術家の絵画も含まれている。この四〇年で毎年二〇〇点、平均すると実に二日に一点という数の芸術品を購入してきた。人目を引くモダンな外観をした美術館とそこに収蔵されるコレクションは、ウルトの活動に対する賞賛の象徴として生き続けるに違いない。

ここに、繁栄する同族会社の社主にも、従業員にも当てはまる原則を見ることができる。物質面での成功も大切なのだと。成功すれば従業員はこれまでより一段高いステータスのクルマを買おうとするだろう。最高経営責任者は自家用飛行機とボート、それに芸術品のコレクションを所有しようとするのかもしれない。

社会から認められることもやはり大切だ。企業の頂点に立つ者にとって、大衆からの反応は強力な動機づけになる。ライホルト・ウルトがこの世を去った後も、博物館は人々の話題に上ることだろう。ウルトはその意志を伝える記録を永遠に残したことになる。

これまで見た企業価値と同じく、時代の変遷に影響されない価値を創出したビジネスマンがもう一人いる。ベルトホルト・ライビンガーは、「中規模ビジネス界の象徴」、あるいは「ドイツ人的生き方の権化」（本人はこの呼ばれ方は好きではないらしい）としばしばメディアから称される、エンジニアにして生粋のシュワーベン人である。シュトゥットガルトからほど遠からぬディッツィンゲンに本拠を置く機械工学企業、トルンプ社は、ライビンガーの分身そのものである。一九三〇年に同じ街に美術商の息子として生まれたライビンガーはトルンプを引き継いだのではなく、一九五〇年にそこの機械工の徒弟として第一歩を踏み出した。

以後、アメリカで二年間を勉強のために過ごし、一九六一年に開発部門部長として戻った。ライビンガーの発明は、トルンプ社が世界的にも屈指の工作機械メーカーとして今日の地位を築く礎となった。従業員数六〇〇〇人を擁し、年商一五億ユーロを上げる同社は、産業レーザーとレーザーシステムの分野で世界をリードする。

世界中いたるところでライビンガーの機械が鋼板を打ち抜き、溶接し、曲げ加工を施し、航空機用のタービン、スケートボード、燃料噴射のニードル、のこぎりの刃、自動発券機を製造している。[8]「旅行に出る人、仕事に出る人、家で留守番をする人。誰もが私たちの機械で作った製品に触れることになるのです」とライビンガーは語る。現在は彼の一族が会社を所有し、経営している。先代の社主は子供に恵まれなかったと前置きしたライビンガーは、少し得意げにこう言い添えた。「そこで私の両親に特許料を払い続けるよりは、私を共同経営者に迎えた方が安くつくと気づいたのです」

そういうわけで、今日トルンプ、イコール、ライビンガーなのである。その当人は自分の会社は一族が所有しており、「こういう場合に当てはまる原則」に従って経営していると力説する。きっぱりと、同族会社とはこの世に存在する最良のビジネス形態だと言う。

こういう場合に当てはまる原則とは何を指しているのだろう。言うまでもなく、一流の製品こそすべての基盤だ。どんな要素もこれを基盤に立脚している。製品が革新的なら、世界レベルまで目前にせまっている低コストメーカーが突きつけてくる安売り競争に、容赦なく晒されることはない。ライビンガーは「知識の重みがある製品」という言葉を使う。トルンプでは、顧客が当然ながら最上位にランクされる。創業当時からトルンプは世界中に自社のサービススタッフを配備した。「海外の小規模な顧客に五〇万ドルもする機械を売ったとしましょう。買った方はこんなに高いものを買ったのだ、壊れるはずがない思うのが当然です」。顧客が投資してもいいという気になるのはこの安心感が欲しいからだ。世界中どこであれ、レーザーを購入しようという企業は必ずトルンプを真っ先に選ぶ。その高性能と技術的に秀でた品質は明らかに、高い値段を補ってあまりあるのだ。工作機械産業界にあってトルンプの収益レベルが飛び抜けて高いのも意外ではない。

優れた製品と卓越したアフターサービス、それに特別な労使関係が加わり、ライビンガーが「小さな風土」と呼ぶ環境ができあがる。トルンプではやる気と創造力をかき立てる独自の社内環境を指してこう呼んでいる。一九九七年に初めて取り決めた「労働協定」は定期的に更新しており、一つにはこのおかげで、ドイツ国内で製造したトルンプ製品は国際市場に持ち込んでも十分な競争力を保っている。

もう一つ欠くことのできないものが最高経営責任者だ。その資質とはどんなものだろうか。それは社内における信頼の模範たる人物であること。勤勉さ、最後までやり抜く固い決意、責任感といった美徳を現実の姿にした人物であること。危機的状況で社主に期待される対応ができること。それは、ビジネスアナリストの機嫌を損ねないようびくびくしている、どこぞの最高経営責任者とは対極にある人物ということだ。一九九〇年代序盤、トルンプは戦後初めて欠損を計上、取引銀行のある役員は、四〇〇人を解雇するよう勧めた。ライビンガーが今述べた資質の持ち主であることを立証したのは、この時のことだ。

「あの男に何がわかる」と、ライビンガーは、あの時思わず反発した自分を思い出す。しかし、結果的には提案の半数にあたる二〇〇名を解雇せざるを得ず、それ自体が強烈な打撃だった。「仮に私が株式を発行する会社を経営していたのなら、おそらく銀行が言うとおりにするしかなかったと思います」[9]。従業員にとってライビンガーは最高経営責任者というより、コミュニケーションを取ることのできる「ボス」だ。ここがシェアホルダーバリューの落とし子と大いに異なる部分である。彼ら落とし子は企業経営陣がどれほど災禍をもたらす決定を下そうとも、自分の何百万という金は安全であることを知っている。対して同族企業のトップは、今日二〇〇名の従業員を見限り、その翌日メルセデスの新車を買うようなまねはできない。

それどころかこのタイプのビジネスマンは、自分の金を会社に投資し、利益の少なからぬ部分を社会的な目的に使う。典型的なシュワーベン人の会社オーナーであるライビンガーは自分の金の一部をベルトホルト・ライビンガー財団に委譲している。文化的、宗教的、科学的な目標を達成するための財団だ。

ライビンガーは広い意味で、政治的にも旺盛に活動している。自分が暮らし、働く連邦ドイツ州の首相の顧問を務めるかたわら、シュトゥットガルト大学諮問機関のメンバーでもある。誰もが認める日本の事情通であり、シュトゥットガルトに本拠を置く国際バッハ・アカデミーと、マールバッハのドイツ文学史料館の会長でもある。こんなライビンガーだから、自分と同様なビジネスキャリアを辿る人たちに、次のようなコメントをする資格は十分あるだろう。「公の利益のためにもっと献身する人が増えていいと思います。企業経営陣はゴルフコースに出る時間を減らせば、得るところがあるでしょう」[10]

ライビンガーは日々の経営業務を一族の次の世代に手渡したが、会社の基本方針を失わずにいるよう、彼が抱く企業経営の原則は「家族の行動基準」に定めてある。第一のルールは、会社の独立性を規模より優先することである。そして「個人の利害は後部座席に、会社の利害は運転席に」も等しく重要なルールになっている。

日々の経営業務から引退したライビンガーは、子供たちが下す意志決定には一切口を挟まない。しかし『シュトゥットガルト・ツァイトゥング』紙に明らかにしたように、断固として介入する状況が一つある。株式市場で会社の相場を求める動きがあった場合だ。

さてこのあたりで、第三のシュワーベン地方の同族会社とその最高経営者を、模範的な企業経営の一例としてご紹介しよう。ファイブリンゲンに本拠を置くチェーンソーのメーカーの社主を務めた、ハンス・ペーター・スティールだ。チェーンソーの世界市場をリードするメーカー、アンドレアス・スティールＡＧ Ｃｏ．ＫＧは一九二六年に蒸気ボイラーの点火装置を作るメーカーとして、シュトゥットガルト・バット・カンシュタットで操業を始めた。創業者のアンドレアス・スティールはこれで得た資金をもとにチェーンソーの開発に取りかかった。

一九二九年、アンドレアス・スティールは彼にとって最初のチェーンソーを発表、このモデルは国際市場をまたたく間に席巻する。一九三〇年代にはロシアと北アメリカに相当な量を輸出した。今日、従業員数は八五〇〇人、売上高は二〇億ユーロに肉薄する。チェーンソーといえばスティールを連想するほど、同社の製品は世界中で飛び抜けた売れ筋であり、他のどの分野でもこれと肩を並べるほど製品とメーカー名が直結した例は見あたらない。一方、スティールは製品の範囲を広げ、高圧洗浄機、小型の刈払機、各種ガーデンツールも製造している。

ハンス・ペーター・スティールが会社の経営を引き継いだのは一九七三年、四一歳の時である。当時、売上高二億ユーロ前後だった会社を、今日ある世界市場のリーダーに作り上げた。彼は成功を収めている同族会社が持つ、一流の製品、顧客との良好な関係、革新的な生産方法という強みを存分に活かした。

『ズットドイッチェ・ツァイトゥング』紙は次のようにスティール像を描いている。「スティールはシュワーベン人ならではの商機を逃さぬ慧眼と、当面の仕事に柔軟に適応する力に、現代的な企業経営者の資質を併せ持ったタイプのビジネスマンだ。受け継いだものを成長させたいという気持ち、完璧を求める気持ち、倹約精神、人として持つべき美徳に加えて、時に敬虔な精神が垣間見える、シュワーベン気質を継承している」

こうした人間だから、必要なときには強硬路線を取ることもある。スティールはバーデン＝ヴュルテンベルク州の金属産業連合会会長の地位にあるので、職種別組合との賃金交渉の場などでは強面の部分が現れる。しかし世間の人々が彼に与えた「ソーシャル・ランボー」というあだ名が的はずれなのは確かだ。素顔のスティールはその対極にある。会社の社会福祉レベルは常に模範的だ。利益分配制度に加えて、一九九〇年代末には、きわめて優れた内容の老齢年金制度を含む三〇を超える社内給付金制度を定着させた。

スティールには公の顔がいくつもある。ドイツ商工会議所（ＤＩＨＴ）の会長を始め、ドイツ機械工業連盟（ＶＤＭＡ）、ドイツビジネス高等専門学校、ファイブリンゲン職業紹介所、健康保険基金（ＡＯＫ）の地元組織などで重要な地位に就いた。

加えて、スティールは「シュトゥットガルト地域フォーラム」の草分けにして牽引役の一人でもあった。同フォーラムは地域活動の活発化を目指し、一九九五年に設立された。空港の拡張、隣接する新しい展示センターの建設、新設の地下鉄「シュトゥットガルト21」の駅の計画など、州都シュトゥットガルト市内と周辺のおもなプロジェクトは、スティールの努力なしにはとても実現しなかっただろう。

スティールのこの地域に寄せる強い思い入れは、もう一つ明らかな形に表れている。すでに毎年恒例となっている「ハンス・ペーター・スティール賞」を創設、この賞はシュトゥットガルトとその周辺地域の発展に多大な貢献をなした人々に贈られている。私も受賞者の末席に連なる栄誉に浴した。


ライホルト・ウルト、ベルトホルト・ライビンガー、ハンス・ペーター・スティール。州が誇る三人のビジネスマンである。ここではこの三人を選んでお話ししたが、語るべき経営者は他にも数多くいる。ドイツでも特に南西部では人間として魅力のある人物に出会うことが多いといわれる。私にはそれを立証あるいは反証する統計などないが、その見解には真実の響き以上のものがあるような気がする。

よく働き、高い志を掲げ、進取の気性に富み、ドイツの他の連邦州、いや広く世界に強い責任感を持っているこのタイプの実業家に出会うことが実際よくある。商工業界の根幹をなす人たちだ。永い伝統を誇るドイツ企業が次々に私の頭に浮かび上がる。ミーレ、メリタ、シェファー、ケルヒャー、他にもたくさんあるが、どれも創意、工学的なスキル、起業家としての才能、社会に対する責任を象徴した企業ばかりだ。

自動車産業界にも同様な例を見ることができる。ＢＭＷは成功著しい企業だが、その背後でクヴァント家が支えている。プジョーはフランスの、トヨタは日本の豊田一族が経営する同族企業だ。自動車業界で成功を収めている企業の中でも、社主が屋台骨を築いた企業は、社主と企業が表裏一体の関係にあるものだ。

時代の新旧を問わず、同族会社のオーナーは真に長期的にビジネスを予見できる経営者だ。自分の羅針盤に従って舵を取る。「短命なトレンド」という姿をした海の精の美声を耳にしても、難破の待つ誘惑の方向へ向かうようなことはしない。必要とあらばこういう経営者はきわめて頑固になることさえある。彼らは自主独立してものを考える人であって、しばしば大勢と意見を違えることがある。一九五九年にヘルベルト・クヴァント（訳註：同年倒産の危機に立たされたＢＭＷは、クヴァントの増資でダイムラー・ベンツによる吸収合併を実行寸前に回避した）が、そして一九九二年にポルシェとピエヒ一族が、避けがたく降りかかってきた運命に屈して会社を売却していたら、この二社は今どうなっていただろう。

ポルシェの監査役会にポルシェ一族がメンバーとして連なっていることは、この会社の優れた特徴の一つである。ポルシェ家の人々と交わす討議は、外部の企業から任命された役員会のメンバーと交わす討議と同じではない。人は自分の問題として関与すると、ものの見方が必ず変わるものだ。こういう意見の源泉があると討議の質が高まる。これもポルシェが成功を収めている秘密の一つなのだ。

企業を所有している一族は、現在の結果より、長期的な可能性に関心を払う。彼らにとっては向こう三か月より、向こう三年、あるいはまる一世代先の方が重要なのだ。よしんば一定期間、目標を下回る結果に甘んずることになっても、彼らは長期的な戦略を追求する。これが同族会社におけるビジネスマネジメントの基本原則であり、他の企業との根本的な違いであり、ビジネスに取り組む気の持ち方の違いである。

株主が「家族の中にいる」企業は、付加価値のある製品やサービスを創出することにひたすら打ち込む。関心があろうとなかろうと、株主尊重策やほかの何か最新の経営理論などに影響されはしない。自ら雇い入れた従業員と、工場の近隣で生活を営む人たちの利益にも気を配る。専門家はとかく人を感心させたくて意味のない言葉を使いたがるものだ。「企業の社会的責任」などその最新版といっていい。なりふり構わず利益を最大化しようとする企業への反発から生まれた言葉である。現代の企業経営陣が間違った意味で使う専門用語の仲間入りをする前から、同族会社に属するビジネスパーソンは、企業としての社会的責任を誰に言われるまでもなく果たしている。

近年、まだ少年の顔をしたアナリストが無様な間違いを犯したり、株式市場ではどんちゃん騒ぎが演じられた。そんな光景を目にしても、真剣に企業経営に取り組む人たちはしばし苦笑いを浮かべただけだった。彼らはそうした動きを相手にしなかった。彼らは四半期ごとの利益を最大化することに取り憑かれるのではなく、実体のある価値を次の世代に伝えることに専心するのである。

ここで特定の名前を羅列するのは、他の大勢のオーナーとしての務めをきちんと果たしている方に対して、フェアではないかもしれない。自明のことだが、同族企業だからといって、全員が成功の星の下に生まれたわけではないのだ。ここでは「カリスマ的なパーソナリティ像」について検討しているのであって、同族企業に本来備わっているものが何かを検討しているのではない。

現実の世界を見回しただけでもわかるが、同族企業の中にはほとんど成功に恵まれないところ、経営がお粗末なところ、あるいは生き残りに失敗したところがある。その顕著な例をドイツの戦後史に見ることができる。たとえば、自動車界の大立て者だったカール・ボルクヴァルト。彼の生涯をかけた仕事はほぼ完全に消滅してしまった。ラジオの草分け、マックス・グルンディヒ。かつての帝国は今や名前を残すばかりで、規模はどんどん縮小し、存在意義は薄れてしまった。コンピューターのスペシャリスト、ハインツ・ニックスドルフの意気軒昂だった会社も、日独のコングロマリットに吸収されてしまった。

一族は企業に本物の力を授けることもあるが、論争や意見の食い違いで弱体化させる可能性も同じくらいある。一つの世代の跡を次の世代が継いでも、ビジネスの才覚まで一緒に引き継がれる保証はない。多くの実例がこれを証明している。古くから産業が栄えた歴史を持つイングランド北部にはこんなことわざがある。「繁栄も三代経てば逆戻り」

一方で、同族会社でなくても成功している企業が数多くあることを忘れてはならない。企業規模が大きくなるほど、同族の傾向は薄まっていく。私たちは成熟した大きな経済社会に生きている。そこには、顔のない資本市場という血統しかもたない世界チャンピオンも、受け入れられるだけの大きさがある。

これまで見てきて明らかなように、「カリスマ的なパーソナリティ」を持ち出しても、特定の企業構造を理想化してみても、すべての問題の解決にはならない。目標とすべきは次の点が正しいと証明することにある。長期的な成功を達成する手段として、一定の原則が不可欠であること。企業経営陣（同族か否かにかかわらず）に資本の提供者と自由に交流する道が開けていれば、これらの原則を実行に移しやすいこと。資本の提供者は株式市場が望むような手っ取り早いもうけを超えた長期的な利益に立脚して意志決定を下すこと。

つまり、会社オーナーだろうと、外部から招聘された経営陣であろうと、人間そのものの資質が大いに重要である。雇われ社長を据えている同族会社は数多い。実際、熟慮の末、一族以外から最高経営責任者を選ぶケースはよくある。こうして選ばれた人物には強靱なパーソナリティが求められるし、会社を代表できる人物であることが求められる。ここで代表するというのは、従業員と一心同体になれる人物という意味だ。結局、商工業界を動かしているのは一人一人の人間である。売り上げチャートや、株式市場の株価の動向や、思い上がったアナリストが用意した業績概要などではない。

会社の従業員は誰が判断を下しているのか、その結果がどうなるのかを知る権利がある。経営幹部と監査役会のメンバーは、注意信号を察知できる人物であることを求められる。彼らには、ものごとが本来あるべき状態から外れた時には、いつでも必要な行動をとる責任がある。

出資者の会社に対する関心とは、長期的な観点に立脚していなければならない。同時に、会社が所在する地域や、そこに住む人々にも関心を払うべきだ。投資者の顔が見えない株式会社より、一族が株を所有している場合のほうが、出資者が強い関心を地元に払う傾向にある。同族会社の経営陣は社会一般から好かれたい、肯定的に見られたいと思っている。万が一、会社が不遇な目に遭っても、あらゆる人から批判されたいとは思っていない。

これまで私がお話しした同族会社は、この国中に何千とあるが、彼らが新聞の大見出しに取り上げられることは滅多にない。それでも同族会社はドイツの「隠れたチャンピオン」だ。彼らは自分の属する世界中のマーケットで成功裏に事業を展開し、これまでに記した原則を理想的なやり方で実行に移している。これら同族会社は、有能にして意志堅固なパーソナリティがリードしている。有能で意志堅固なだけに、時として彼らは「難しい」仕事相手になることもある。彼らが考えるのは戦略だ。彼らが「完成させてしまおう」と言えば、今、完成するのであって、いずれ、ではない。さらに、彼ら産業界の指導者たちは会社を引っ張って、苦しい時代を切り抜けてきた人たちばかりだ。賞賛するに値する人物である。

競争に勝ちぬいていけるだけの長期的な企業価値を創出するには、リスクをいとわない革新的な考えの人材が必要であることは間違いない。つまり独自のビジョンを持った人物、そのビジョンを実現するためなら、進んで時間と金と資本を注ぎ込む覚悟のできている人物。そして固い決意をもって臨むからには、財政的に崩壊した場合、全責任がのしかかってくるという十分な自覚のある人物。経済が発展する国の裏側にはこうした人物が力を発揮しているものだ。今日ますます必要とされている人物像である。

これまで見てきたように、世代が進むにつれて、企業のオーナー自らが経営の采配を振るう重要性はどんどん薄れている。ミュンヘンに本拠を置く自動車メーカー、BMWなどその良い例である。クヴァント一族が最大の株主である同社の成功は、長年最高経営責任者を務めたエーベルハルト・フォン・クーエンハイムの類い希なる業績抜きには考えられない。フォン・クーエンハイムは従業員にとっても、一般の人々にとっても、非常に大きなBMWの表看板だった。一本筋の通った経営を貫き、大局的に先を読み続けた彼の仕事は、世界中で抜群にイメージのいいブランドとして実を結んだ。

しかるべき人物が会社の舵を取り、資本市場の餌食にならないように、出資者が抜かりなく手を打ち成功した例は、枚挙にいとまがないが、ＢＭＷはその典型的な例だろう。その存在が証明しているのは、同族会社が資本主義の一形態であり、他の経営形態とは異なる法則に従って運営されること、つまり、次の世代に会社を引き継ぐ最良の方法を考え運営することと、次の四半期報告書を自分にもっとも都合よく書く方法を考える運営とは、まったく異なるということである。

同族会社の株主が何かを声高にまくし立てて前面に出ることはない。株式市場の慣習などに煩わされることなく、ひたすら長期的なゴールに邁進する。一つ一つの決定が自分の金に影響する以上、会社との関係も通常の株式会社とは異なる。新製品の開発、新たな市場開拓、新工場の建設など、投資をするとなればそのたびに、まずは自分のポケットに深く手を突っ込んで中身を確かめる必要がある。企業ポリシーを協議するうえで、大きな株式会社に属する監査役会のメンバーと話すのと、同族会社の株主が話すのでは、まったく意味が異なることは、この事実一つとっても明らかだ。監査役会のメンバーが負う財務上の責任など、ごく限られているのである。

ヴィッテン・ヘァデッケ大学の「同族会社研究機関」が行った研究は注目に値する。同族会社によるビジネス構造の強さが確認されたからだ[11]。同研究機関は次のように結論づけている。「数世代にわたり一族が所有してきた企業が実行している生き残り戦略は、ほかの同族会社にとっても有益な手がかりを提供している。そればかりか、あらゆる形態の企業に応用できる、勝つための定石を提供している」

この研究は、食品コンツェルンのアウグスト・エトカー、衣料品チェーンのベルンヴァルト・W・M・ブレニンクマイヤー、シュトゥットガルトの出版社、ミハエル・クレットを始めとする、ドイツの主要な同族会社の代表者と細目にわたって討議したうえで、綿密に進められた。それぞれの市場で、数世代にわたり確固たる地歩を築いている企業の経営者ばかりだ。

研究員はほかの企業形態と比べたとき、同族会社にとって何が重要なのかも明らかにすることができた。彼らの結論を明らかに裏づける統計がとれたのだ。それによれば四代目まで続いた同族会社は全体の一〇%を大きく下回る。きわめて低い数字だ。一方、四代目以上続いた企業は群を抜いた成功を収めている。「通常の」株式会社をはるかに上回る成功を収めているのだ。

アメリカに本社を置く投資情報会社で、代表的株式指数であるS&P 500を発表している、スタンダード&プアーズ株価指数に載った期間を一つの尺度としてみよう。全企業の平均期間は三〇年。対して取引所の公式相場表に記載されている同族会社は七五年になる。それでは、長く続いている同族会社を模範として分析し、普遍的な効力のある企業価値の経営原則を抽出すれば、すべての商工業界にあてはまるのだろうか。

　研究論文の筆者は明快な判断を下している。その意見では、長年にわたって成功を収めている同族会社は、人材採用の手腕において、通常の株式会社より遙かに望ましい結果を得ているのだという。同族会社は非常に強い影響力をもった経営幹部を育て、従業員も社主もその影響力を尊重している。こういう経営幹部は、自分の利益より会社の利益を優先するからこそ、人を動かす力があるのだ。

　こういう経営者は控えめで出しゃばったところがない。自己アピールが重んじられるビジネスの世界ではスター格ではないが、誠実に仕事をこなし、多くの場合、企業から企業へ転々と渡り歩くことをしない。つまり大学の卒業証書ではなく、人としての度量を計られた結果、昇進を重ねていくタイプだ。

　しかし具体的な行動が求められる場面、例えば製品の品質、カスタマーサービス、市場における位置づけが危機に瀕しているような場合には、慎ましくなどしていない。研究論文の筆者は次のように記している。「これら経営者は派手でないため、世界や会社の実情をバラ色の眼鏡を通して見たり、社内でもちきりの成功談に、自分が貢献したことをことさら強調したりしない。高いところに基準を据えているので、よしんば耐え難く不愉快であっても、ネガティブな結果に正面から向き合うことができ、必要な修正を行える我慢強さを持ち合わせている」

研究者は財務管理が重大な違いを生じさせる要因だと考えている。一九世紀後半より、二つの企業形態が現代社会に強い影響を及ぼしてきた。株式市場で相場がつけられる株式公開会社と、同族会社の二つだ。前者の場合、企業のオーナーと企業経営陣とのつながりが緩いと、経営陣が支配的になると専門家は見ている。

この欠点を取り除き、現実に会社を所有している人に大きな影響力をもたらそうと、英語圏の国々を中心に、さまざまな経営モデルが開発された。これらの中でもっとも普及し、もっとも大きな影響力をもたらしたのが株主尊重理論だった。この理論は、資本市場にはさまざまな要素があるが、そのなかでも特定の単一グループ、具体的には、株主に短期的に有利に働く要素のみを、会社経営のもっとも優先度の高い位置に引き上げるべきと主張するものだ。

影響力のある社会学者ラルフ・ダーレンドルフ卿は、イギリス議会貴族院議員でもある。そのダーレンドルフ卿が、これまでの経緯を歴史的な前後関係にあてはめて語っているのが興味深い。社会的市場経済に関する評論で、卿はこのように記している。「資本主義と所要時間との関係は、歴史的に重要な意味を持つ際立ったテーマである。貯蓄型資本主義が消費型資本主義を経て、クレジット型資本主義にいたる間に、関係者が物事を見極めるのに要する時間は着実に短くなった。ヘッジファンドにいたっては、ものの数時間で決定が下るといった具合だ[12]」

このコメントに加えて、卿は意味深長な個人的な体験を言い添えている。「ある取締役会で社長がこう言ったのだ。『諸君、会社を半年後も存続させることが君たちの仕事ではない。会社を解体し、各部門を売却することが株主の利益になるのなら、私たちはそうするまでだ』」

株主尊重論はうまく行くはずがなかった。株価、つまり株主の投資した資金が、ストックオプションによって経営陣の個人収入を左右するにいたって、完全な茶番劇と化した。個人の利益が会社の利益に優先し、最悪の場合、目的のためには手段を選ばない企業経営陣が「あとは野となれ山となれ」と捨て台詞を残して姿をくらますのを止める手段はないのだ。このことはいくら強調しても足りないくらいである。

スイスの経営エキスパート、フレードムント・マリクはこんなことを言っている。「ビジネスの目的は利益だという考え、これは旧弊かつ誤解を招きやすい思考だ[13]」

読者諸氏それぞれの視線で、この言葉を考えて欲しい。責任ある企業の経営陣は資本市場における要素の中で、たった一つだけの要素に従って職務を果たすことなどない。たとえそれが企業のオーナーや株主という重要なグループであれ、特定のグループの利益に応じるとするならば、その企業経営陣の行為は間違っている。企業そのものが、あらゆる思考と行動の焦点にあるのが正しい姿なのだ。

企業が長期にわたって成功を収め、望ましい形で出資者に利益をもたらすために、重要なものは複数ある。その中で何がもっとも重要で、その次は何か、重要性の序列と、なぜそういう序列になるのか、理論的な裏づけを含めて明確に理解しておく必要がある。最も重要なのは顧客である。顧客こそ企業の収入の源だからだ。それをしっかり認識しない限り何をやってもうまくいかない。最優先事項である。次に重要なのは従業員である。彼らはエンジニアとして、開発者として、あるいは監督者として工場のフロアで働いていることだろう。従業員がいなければ、顧客が金を払ってもいいと思う製品がまずもって存在しえない。三番目に重要なのは提携先、つまりサプライヤーであり、サービスプロバイダーである。

この三つの段階が効率よく運用されて初めて、株主は利潤を手にすることができる。読者もこの理論的な順序に従って仕事を続けてみて欲しい。そうすれば社会全般へのニーズも同様に満たすことができるのだ。

ここはひとまず、今記した取り組み方が、企業経営陣にも企業のオーナーにとっても成功をもたらす唯一の方法だと受け止めていただきたい。そうすると同族会社が手本とするに足るモデルである、その理由が見えてくる。すべての疑問に答えてくれるとは限らないが、おおかたの疑問の答になることは間違いない。同族会社の運営方法は、組織形態のいかんを問わず、あらゆる企業の成功を約束するのである。

前述のヴィッテン・ヘァデッケ大学の研究論文の作成者の一人、トルシュテン・グロートは次のように語る。「基本の考え方として、株式上場企業は例外なく家族経営的な構造をそっくり再現しようと試みています。従業員を啓発する催しを開いたり、インセンティブをつけたり、従業員主催のパーティーを開いたり、といった工夫を凝らして、同じ企業に働く者としての企業精神を構築する努力がなされています。その一方で、企業経営陣にだけストックオプションが付与され、経営幹部の面々が年中交代し、そのたびに経営戦略が変わる。そのせいでせっかくの努力が水の泡になってしまう、そこが問題です」

グロートの言葉に登場する企業は何よりも大切なことを忘れている。顧客を企業戦略の焦点に据えているのであれば、その企業独自の、信頼するに足るブランドイメージを構築することが不可欠だ。競合他社に煽り立てられたからといってパニックに陥り、発想からして間違った決定を下してはならない。そうではなく、決定を下す前に、それが会社の長期的な安定につながるか、顧客にアピールできるか、従業員には受け入れられるか、そしてもちろん最終的に株主に利益をもたらすか、そういった点をきちんと見極めるべきなのだ。

長期にわたって信頼できる独自の企業気質は、揺さぶりをかけられてもびくともしない永続性のある基盤を形作る大切な要素だ。その基盤のうえにこそ強靭にして成功を収めるブランドは成り立つ。成功を収める企業は、決まって長期にわたり多大な資金を投じて、信頼するに足る独自のブランドを構築しようと邁進する。その理由は何だろう。答は簡単、消費者を当惑させる要素がますます増える今の世の中で、ブランドこそ顧客にとって企業を位置づける重要なポイントだからだ。

ウルトのネジ、トルンプの工作機械、スティールのチェーンソー、ミーレの家電製品。顧客がその製品を買うのは、これらメーカーがブランドの威信にかけて、良質な製品を提供することを知っているからであり、したがって必要な代価を払おうという気になるからである。要するに、同族会社の際立った特徴である、特有の企業カルチャーと企業経営陣とが融合して、顧客の抱くブランドイメージになるのだ。理想的な世界では、顧客はブランドに決して裏切られることはない。ブランドとは、しっかりした内容の備わった商品、こんなはずではなかったと思わせない商品、何度買っても前回と同じ品質を保っている商品の象徴だからだ。ますます動きの速くなっていく世の中にあって、顧客が求めてやまない価値である。

比較検討が容易にできる製品、とりわけ消費財はどこの製品でも同じという時代になってすでに久しい。XというY製品がYやZという製品より優れているといえるのは、どんな場合だろう。誰にとっても判断のよりどころがない。価格もどれも似たり寄ったりだ。これを買おうと顧客に決心させる差別化の余地がほとんどない。

あれではなくこれだという具合に、特定の商品を選ぶ合理的な評価基準がないとするなら、顧客は頼りない「直感」に頼らざるを得ない。たとえ話に登場するロバのような気分を味わうことだろう。ロバの両側には旨そうな干し草の山が一つずつあるのだが、どちらを食べたものか決めかねているうちに飢え死にしてしまうのだ。そんな場合、イメージこそ顧客の背中を押す唯一の要素なのかもしれない。

ドイツのスーパーマーケットの商品棚から一例を紹介しよう。スキンクリームと聞いてまず頭に浮かぶ商品といえば、スキンクリームの生みの親というべきニベアだろう。子供の頃、おなじみの白いレタリングを配したダークブルーの丸いカンを初めて見たのは祖父母の家だったという方は多いと思う。私の両親も同じものを使っていた。子供のころの私たちにとって、ニベアとはいわば人生の現実そのものであり、しかも最高に品質の優れた製品でもある。

メーカーとしてのニベアも、製品と同じくトップクラスのステータスを享受している。バイヤスドルフは企業を立ち上げてまもなくこのブランドには強みがあることを見いだし、製品と並行してブランドの発展を推し進めた。同社の強力なブランドイメージがなければ、こんなに長きにわたって成功を収めるのは難しかったと思われる。メーカーとしてのニベアには会社を所有する一族が考え出した明確に定義されたコーポレートポリシーがあり、有能な企業経営陣がいる。そんなニベアにあって、真に会社の趨勢を左右してきた要素がブランドイメージである。

ニベアと同じく、ミーレもロゴを一目見ればそれとわかるメーカーだ。ミーレの知名度はドイツ国外でも高い。一世紀以上にわたり品質と耐久性に優れるだけでなく、革新的な技術にあふれた家庭用洗濯機を製造し続けている。その真価は一般ユーザーが認めるところとなり、ミーレは際立ったブランドイメージの、高品質な家庭用電気製品メーカーとして世界中で認知されている。ミーレは二つの家系が会社のオーナーであり、そのメンバーが経営陣に加わっている。経営陣が上手に采配を振るっている企業の典型だ。

長い伝統を誇り、成功を収めているブランドを並べると長いリストができる。しかもあらゆるビジネスセクターで典型的な例が現れる。そのこと自体が日々の生活のうえでブランドが重要な役割を果たしていることの証明であり、今後その重要性を増していくものと思われる。

強力なブランドイメージは一夜にしてできるものではない。効果を十分考慮し、長い時間をかけて手厚く築き上げていくものだ。そうした過程を経て、ようやくブランドイメージは独自の信頼性を備え、市場で十分な効果を発揮するのだ。

一定の原則に従って経営される企業だけが、こうしたブランドイメージを手にすることができる。そうした企業は、はかないトレンドという名前の迷宮に閉じ込められなかった珍しい鳥だ。独自の経営方法を進めてきた長い伝統のある珍しい種だ。彼らは世論を変えようとする潮流に頭から飛び込むことをせず、まず吟味する。

こういう企業は同族会社であることが多いが、同族会社だけがこういう企業になるわけではない。繰り返しを承知のうえで、以下の点は力説しておきたい。私はカリスマ的人物や特定のビジネス構造を採用すべきだと提案しているのではない。守るべき一定の原則があると申し上げているのである。その原則とはある企業から別の企業へと十把一絡げに伝えられるものではないが、それでもやはり企業を成功裏に経営するための重要な基本的要素である。ビジネスを成功裏に運営する鍵を握る要素を一つ挙げるとするなら、ブランドイメージであって、断じて株価などではない。

株主尊重論ごときに翻弄されてはならない。最優先すべきはカスタマーバリュー、すなわち「顧客」なのである。

第四章

進むべき道を示す価値とは

経営陣が忘れてはならないこと

お金は世界を動かすだけでなく、ビジネスを活性化する。企業オーナーなら誰でもこの点に異論はないだろう。コストをコントロールし収益を潤沢に生まなければ、企業経営を成功させることはできない。企業は蓄積した資本で投資をしたり、新製品を開発したり、新しい市場に参入したり、いざという時に備えて準備金を蓄える。

生産工程を常に管理し、現代化・合理化することで競争力を保つことも、企業経営陣の責任だ。グローバル化が急速に進むビジネスの世界では、国際競争の重圧を克服しない限り、自主独立した確かな未来を手に入れることはできない。

しかしながら、時として企業経営陣の中には、重圧に屈して極端な考えに走る者がいなかっただろうか。この点をこれから紹介する事例で考えてみたい。

高い利益率を挙げている大手銀行が収益を二五％増やすという目標を掲げ、その結果六〇〇〇人の従業員を解雇する。これなどビジネスマネジメントの見地からすれば当然のことなのかもしれない。しかし、解雇された従業員にとっては災禍以外の何ものでもないだろう。

たとえば毎年のように業績の記録を塗り替え、株主に相応の配当を支払っているドイツの自動車用コンポーネントのサプライヤーがあるとしよう。そのサプライヤーが、利益を上げているドイツ国内の工場の閉鎖を決める。理由は他の国ならドイツより安い賃金で同じことができるからだ。これまた世界的に事業を展開している企業の論理に従った決定なのかもしれない。しかしその企業の従業員は、労働条件で譲歩する用意があったにもかかわらず、気がついてみれば職を失っている。どうしてこんな目に遭うのか、従業員と家族には理解のしようがないはずだ。

家庭用電機製品を製造する外国資本のメーカーが、利益を出しつつ操業しているドイツの工場を閉鎖すると決めた。閉鎖するのは昔から構造的に脆弱な地域にある工場だ。何か月もの間、企業グループの経営陣と交渉してきた地元の政治家も従業員も、譲歩する用意があったのだが、彼らの声など一顧だにされなかった。従業員の生活そのものが危うくなるというのに。いくら従業員に譲歩の用意があるとはいえ、彼らに生活の一切合切を抱えて引っ越せというのは無理というものだろう。生産拠点をより将来有望な場所にひょいと移転させるほど、簡単に人は動けない。

ドイツの製薬グループ二社が合併すると決まるや、時を置かずして六〇〇〇人の従業員の解雇を発表する。厳格な資本主義者の理論からすれば正しい判断なのかもしれない。むしろ今の世の中では明らかにこれが正しい道としてまかり通っている。企業が合併すると必ず従業員が解雇される。なぜ合併によりさらなる雇用の機会が創出できないのだろう。なぜそもそもの始まりから、新しいアイデアを実行するとか、新規市場を開拓するとか、今まで以上に大勢の人々に雇用の機会を提供するというビジョンを立てて合併できないのだろうか。せめて今雇っている従業員をそのまま雇用できないものだろうか。

どうやら経営幹部は、顔の見えない資本の提供者や、株式市場、あるいはアナリストに、合併がもたらす短期的なメリットを創出できないと、顔が立たないと感じているようだ。経営幹部がここで使うもったいぶった専門用語が「シナジー効果」である。既存の従業員数を削減すれば、間違いなく数百万ユーロが節約できると経営幹部は合併の裏づけとして主張するのだ。

企業の利益目標とは資本市場によって左右されるものなのに、投資家という名の、顔の見えない資本の提供者が注目するのは、世界中で最も利益を上げている企業はどこかを示すデータだけだ。そのデータに導かれるまま、マウスをクリックして株を売買する。彼らにとって、黒字を上げながら商売を営んでいるかどうかはどうでもいいことだ。利益の額が少ない企業はすなわち敗者なのである。

今挙げた事例は氷山の一角に過ぎない。それでもなお、大事なのはお金そのものだという考えが、正常なものとしてまかり通るのだろうか。投資家が手にするお金は企業の発展に何か貢献しているのだろうか。いったん収益として上がっても、こういうお金は再投資には回らないので、企業には何の意味もなくなってしまう。世界各地の投資家は投資先から大金を受け取るが、そのお金に実務上の価値はない。お金を何よりも愛している、ドナルド・ダックのマクダック伯父さんがプールに見立てた金庫で泳ぐか、頭から浴びるくらいの使い道しかない。大事なのはお金そのものだという姿勢はどう見ても間違っている。あらゆる意味で非生産的だ。

お金というのは新製品とか新規市場という形になって増えていくもので、要するに人間のノウハウという創り出す技術がなければ増やすことができない。昨今の経済の成り行きを見るにつけ、ここで改めて強調したい。顧客が欲しいと思い、社会の賛同が得られる商品を創造することが企業にとって最終的な目的なのだ。

これこそ企業が成功し、利潤を生みつつ操業していく唯一の道なのであり、誰も反論できない事実である。この道からはずれない限り、企業経営陣の報酬がいささか高くても、有り体に言えば、税引き後の手取りが数百万という額になろうとも批判の声は上がらないと思う。パフォーマンス（あくまでも「実績」という正しい定義において）にはそれに相応しい報酬が与えられて然るべきだからだ。企業の利益や株価が急落しているというのに、高い報酬を受け取っている経営陣に、世間から抗議の声が上がるのは当然のことだ。こうした心得違いをした連中は、必ず世間から注目を集めるものだ。問題なのは、この連中のせいで経済機構全体の信用が傷つけられてしまうことなのである。

私がそう申し上げるのは、最近「パフォーマンス」という言葉が誤って定義されているケースが非常に多いからである。経営陣はもっぱらコストを削減し、社内のポジションを減らし、従業員を解雇する一方で、自分たちの報酬だけはどんどん増やしていく。この現状を見るに、「パフォーマンス」という言葉が誤って解釈されているとしか説明のつけようがないのだ。地にしっかり足をつけた成功につながる企業経営とは、コストコントロールだけを指すのではない。この点については前の章で明らかにできたと思う。

このところ国境を越えた合併劇が続出しているが、企業経営陣がアメリカの報酬水準にまで自分の報酬を引き上げるための、都合のいい言い訳にしか過ぎないという印象を人々は抱いている。「アメリカ流の経営方法がアメリカ流のサラリーを正当だと認める」――何と素晴らしい格言だろう。

無限のチャンスが広がる国アメリカは近年、その評判に皮肉な形で応えてみせた。ファンドマネジャーのよきアドバイスを信じた数百万のアメリカ人が退職金の大半を失う一方で、大手企業の多くが経営幹部に億の単位のドルを年間報酬として支払っているのである。

ドイツ株式市場でしばしば手ひどいダメージを被った小口投資家は、名声を響かせたあるドイツ企業がトップマネジメントに数百万ユーロのボーナスを払ったと知って、ショックを受けたものだ。その企業がイギリスの競合会社に吸収されるお膳立てをしたことへの〝成功報酬〟で、もはや第一線を退いたトップマネジメントもその支払いを受けた。同じ企業に働く従業員は、合併により明日にも仕事を失うかもしれないというのに。

この不愉快な一件はドイツで裁判沙汰にまで発展したが、結局この国のビジネスエリートへの信頼を傷つけ、お金以外にも大切なものがあるはずだという、一般の人々の希望の芽をつみ取るだけに終わったのだった。そもそも企業を経営する目的とは何だろう。手持ちの金を増やすだけが目的なのだろうか。実績を上げ、会社に付加価値をもたらした社員には然るべき敬意が払われないのか。そんなことはどうでもよくなってしまったのか。

現実を直視し、通説に迎合しない誌面作りで定評のあるイギリスの時事問題専門週刊誌『エコノミスト』は、資本主義の主たる問題は企業経営陣に支払われる給与の額にあると見てはっきり書いている。ここに私たちは、この時代の根本的なジレンマをはっきりと見て取ることができる。私たちはお金にすべてを決めて欲しいのか、それとも広く社会が認める価値基準を当てはめる方を選ぶのか。企業経営者が自らに問いかけるだけでなく、私たち一人一人が社会全体の問題として考えなければならない。

スイスの経営エキスパート、フレードムント・マリクは、先行きを不安にさせるようなできごとが何度も繰り返される状況を、次のように総括している。「〝ネオ・リベラリズム〟（新自由主義）の旗印の下に現在堂々とまかり通っているものは、資本主義とはまったくの別物であって、貨幣経済の原始的形態に過ぎない。すべてが単一のカテゴリー、すなわち金へと矮小化され、金を基準に記録され、評価されるシステムである。資本ではなく金が私たちの考えと行動を支配するのである」[1]

アダム・スミスやフリードリヒ・アウグスト・フォン・ハイエクといった自由主義者は

誤解され、あたかも減刑を約束された共犯者の訴追免除証言のように、ネオ・リベラリズムに都合よく文言を引用されている。しかしそれは正しくない。マリクはいみじくも次のように言っている。「純粋の自由主義（リベラリズム）はすべてのゴールは経済の支配下に置かれることなどと要求してはいない」。それどころか、リベラリズムは経済こそ社会の役に立べきだと明解に求めているのである。芸術家、知識人といった影響力のあるオピニオンリーダーや若者には、自由経済に反対する人が多い。しかし自由経済システムが本来の姿に立ち戻り、何もかもが経済的理由によって決められるのではなく、なおかつ社会的混乱も引き起こさないのならば、従来反対派だった人たちを自由経済システムに取り込むこともできるかもしれない。

今、この世界を支配するのはお金だけなのかと自問する人々が増えつつある。警告を発する声は以前から聞こえていたが、いまではははっきりとした警鐘が打ち鳴らされている。「投機と怠慢ゆえに企業と銀行が自らの首を絞め、その結果として隠蔽、欺瞞、ペテン、ごまかしという危険な行為が幅を利かすようになれば、私たちは知らない間に衰亡の瀬戸際に追い込まれることになる。仮にも資本主義とモラルが互いに相容れないものとされるなら、私たちはすでにどっぷりとぬかるみにはまりこんだも同然である」。この一文を表したのは、かつてのドイツ首相ヘルムート・シュミットだ。国際経済に造詣の深い古参政治家、経済界でも練達の士であるシュミットの見解だけに一層の重みがある。シュミットは、「暴走する資本主義」[2]がいかに危険か、これまでも再三にわたって警鐘を鳴らしている。

アメリカの経済学の大家ジョン・ケネス・ガルブレイスは、二〇世紀が生んだ最も高名な、最も助言を求められたエコノミストだ。ジョン・F・ケネディ在任中は大使を務め、ビル・クリントンまで数代の大統領の顧問役を務めた。そのガルブレイスは〝企業経営者による独裁〟の危険性を次のような言葉で警告している。「数百万ドルというスケールで合法的に私腹を肥やす、これが現代の企業経営では最重要事項になっている」[3]。その結果どうなるかもはっきりと示している。「大手企業に愛想を尽かす人がどんどん増えている。人々から見放された企業が世の中で大手を振っていること自体、経済全般の繁栄に対する脅威であるという見方がますます強まっている」

主著『ゆたかな社会』でガルブレイスは社会が活発に活動できる状況を作るべきだと論じ、『よい世の中』(一九九六年刊)では、(政治行動を計る尺度たる)個人が復権できる現代的な社会経済をぜひ実現すべきだと、熱い願いを語っている。正面からネオリベラリズムに反対するガルブレイスはこうも語っている。「雇用のチャンスが保たれている限り、社会に平和が広まっていくものだ」[4]

しかし物事はガルブレイスの願いとは反対の方向に展開し、今や人々の我慢も限界に達している。二〇〇五年も終わるころ、評価の高いドイツの週刊新聞、『ディー・ツァイト』

が非常に興味深い記事を掲載した。大きな反響を巻き起こしたその記事は、一般大衆と企業経営者の両者は、理解を深めるどころか敵対するに至ったことを明らかにした。もはや芸術家や批判的な知識人を獲得して自由経済システムに取り込む気配すらなくなり、むしろそうした人たちを一層遠ざける結果になった。

同紙の第一面で、ドイツ企業の振る舞いについて編集長が論評している。[5] 非難の矛先は主に私たち企業経営者に向いていた。「企業が損失を出すと、答は〝解雇〟というのが通り相場だった。しかし今や利益を生んでいる企業も、答はやはり〝解雇〟であるようだ」

編集長は、新世代の経営者に対する強烈な批判の最後の一打として、こうした経営者はおろかにも社会保障を犠牲にして、うまい儲け話に拘泥しているとし、次のような説を展開している。「企業の最高経営責任者には、従業員に対する責任がある。無駄にできる時間はない。社会が繁栄しない限り、ビジネスの成功など望めないという事実を認識しよう。さもないとあたり一面火の海になってしまう」

読者からの反応（その大半が知識階級のはずである）を見ると、論評を書いた編集長は見事に国民感情を捕らえたことがわかる。同紙のウェブサイト上ではまれに見る熱のこもった論議が交わされた。中には代表的な主張ではないが、きわめて明確なコメントもある。

ある読者は「（資本家が形成する）経済社会において礼儀にかなった振る舞い」など存在するのだろうかと疑問を投げかけた上で、確固たる自説を表明している。「〝経済社会における礼儀にかなった振る舞い〟など〝丸い四角〟と同列の言葉だ。こんな言葉に意味があると考えるのは夢想家（あるいは夢を売って一儲けしようという連中）だけだろう」。別の読者はこう言う。「株主尊重主義、利益の最大化、経済界の無政府状態。今の子供たちが大人になった時、この時代を思い出して連想するのはこんな言葉だろう」

たまたまこういう意見を持った人々が一斉に口を開いたとも考えられるが、だからといって退けてしまうのは安易に過ぎる解決策だ。無作為抽出の調査でも、こうした意見が存在するからだ。

評価の高いスイスのザンクトガレン大学の経済倫理研究所が二〇〇四年に行った調査では重大な結果がいくつか出ている。ドイツ市民の少なくとも三分の一がビジネスの世界では詐欺や不正行為など日常茶飯事だと考えており、ほぼ三分の二が企業の経営幹部には社会に対する責任について考慮していないと考えているのだ。[6]

インタビューを受けた過半数の人が、小さな会社より大企業のほうが不正をうまくやってのける基盤があると感じている。この考えは、地元社会と強い結びつきを持っている企業は大方、社会責任を十分に果たしているという一般的な通念に結びついているようだ。

インタビューを受けた人の大多数（八〇％）が、企業は従業員のケアをもっと手厚くすべきで、とりわけ病気になったり、家族が問題を抱えているときにはしっかり面倒を見るべきだと意見を表明している。また四分の三が、貧困、犯罪、教育など一般的な社会問題に関与すべきで、とりわけ当該企業が社屋や生産設備を置いている周辺地域の問題に関与すべきと考えている。

さて、企業の現実面での行動となると打って変わった裁定が下されている。八〇％を超える人が、製品とサービスに限定するなら企業のパフォーマンスは「よい」あるいは「とてもよい」と評価している。一転して、「企業は新たな雇用の機会を創出しているか」という質問には八〇％以上が「していない」あるいは「まったくしていない」と答えており、「企業は進んで税金を払っているか」という設問にはほぼ七〇％が「払っていない」あるいは「まったく払っていない」と答えている。

どちらの意見が優勢かは一目瞭然で、企業に有利な結果とは言いようがない。どうやらある政治家の言葉を信じる人々がどんどん増えているようだ。ドイツ経済の奇跡の父といわれるルートヴィッヒ・エアハルトの時代は、ドイツが社会的市場経済に対してようやく自信をつけ始めたころで、誰もが「企業にとって良いことは私にとっても良いこと」という金言を受け入れていた。ただし今日多くの人々は、エアハルトの金言に短いけれども重要な一言を追加している。「企業にとって良いことは私にとって良いことではない」

こんなにこじれなくて済んだはずなのだ。私個人としては自由市場経済は社会の役に立つと信じて疑っていないのだが、国民の大多数の見解はこれとは異なり、ビジネスはそれ自体が目的となり、私たちの生活を支配し、一部には法律すら守るつもりのない企業があると考えている。

こうした批判は決して昨日今日生まれたのではない。企業と経営陣、つまりボスどもと金持ち連中はドイツではつねに疑惑を巻き起こしてきた。二〇世紀初頭、学び盛りの生徒がオーストリアの風刺作家カール・クラウスに、ビジネス倫理を学ぶべきかをたずねた。クラウスはこう答えたという。「二つに一つだ、若者よ。決めるのは君だ」。それ以降、世間の人々はこう考えるようになった。ビジネスで成功した人間とは、倫理観や良識が定めるルール、ときには法律や社会の規律にすら、従うことができないのだと。

近年、私たち企業経営陣は繰り返し立場を逸脱して、ネガティブなイメージが強まり、人々から嫌われる存在になってしまった。この辺りの事情は前の章で述べた通りだ。実際のパフォーマンスとはほとんど関係のない大盤振る舞いの報酬などはその一例だが、どの時代も多くの企業経営者がこの罠に陥れられてきた。腐敗体質、縁故者優遇措置、会社資金の横領など、ビジネスの世界では日常茶飯事だと世間の人々は思っている。法律を破った者は裁判所で罰せられる。しかし法律こそ犯していないが、ありとあらゆる術策を弄して利益を最大化し、社会のニーズをまったく無視している企業経営陣はどうなのだろう。『ディー・ツァイト』の編集者は、こうした連中を「資本主義という祭壇で働く従者」と呼んだ。利益の追求それ自体はまったく法にかなった行為なのに、従来からある道徳や価値基準をさげすむ連中の手に掛かると、犯罪と紙一重の行為に変わってしまうのである。

利益を税法上最も有利な国に移転して、そもそも利益を生んだ国には一切の税金を払わずに終わらせてしまう企業。十分なお金を稼いでいながら、州の補助金をひったくるように懐に収める有名企業。どちらの企業も、従来からある道徳観念をあざ笑っているとしか思えない。

ある政治家が「イナゴ」という言葉で、まさしく大手企業がやっていることを的確に表現したことはすでに述べたが、この言葉はドイツ国民の間で大きな共感を呼んだ。何十億ユーロという利益があったと発表する舌の根も乾かぬうちに、数千人の従業員に解雇を言いわたす。企業経営陣にとって(私もその一人なのでよくわかるのだが)、会社を身ぐるみはがれるというのは到底受け入れがたいことだ。敵対的買収、とりわけフィナンシャルインベスターと称する連中が巧みに仕組んだそれは、要するに企業の最良の資産を盗み取り、残ったものを四方八方にばらまくことに他ならない。

なぜ優良企業をこうした形で破滅させたいのか、私などこういう発想には大いに当惑させられるばかりだ。個人的な感情はさておき、現実問題としてマクロ経済の観点から見ても、こんな運用をしたところで損失しか生まれない。仕事は失われ、長年にわたり労使が協調しながらやってきた会社が無惨に壊れてしまうだけなのだ。ドイツ憲法には「所有することは責任を負うことである」という文言がある。どうして責任ある行動を取る必要があるのか、その理由がわからない株主は、この条文を精読すべきである。

二一世紀に入ってすぐ、株式市場で扱う銘柄数が過剰になり、銀行と株式仲買人は自由市場経済の信用を著しく傷つけた。銀行が十分吟味できないまま新会社を株式市場に送り出した結果である。ノイアマルクトに上場した会社がオフィスの賃貸料、従業員の給料、固定間接費を払えるのか、あえて気にする者などいなかった。実際、生き残る力があるのかさえ調べなかった。最後に残ったのは残骸の山で、投資家の多くは預金口座の金を巻き上げられたあげくに手元には何も残らず、金の大半は別の人々の手元に運ばれていった。

富には抗しがたい魅力がある。それにしてもあの巨額の利益は誰の手に渡ったのだろう。筆頭は、新会社を株式市場に送り出すのに莫大な金を集めた銀行だ。後に重度の後遺症が広まり、災禍の余波は今なお消えていない。国民の大多数は社会情勢を判断する力も、正義とは何かを判断する力も失ってしまった。ビーレフェルト大学では二〇〇一年に一〇年計画の調査を始め、その中間報告が毎年発表になる。それによるとドイツ国民は年を追うごとに不安感を強め、どちらに向かって進めばいいのかわからなくなっている。[7]

調査が始まって以来、人々が社会情勢を不安に思う気持ちを急激に募らせていることがわかる。インタビューを受けたうち、六〇%以上の人が、政治的にも社会的にも状況をどう判断していいのかわからない、今自分がどんな状態にあるのか、どんな対策を立てればいいのかわからないと答えている。しかもこれは社会の周辺にいるグループだけでなく、政治的にも社会的にも中心にいる人々にもあてはまるというのだから事態は深刻だ。

ドイツ連邦大統領を務めたヨハネス・ラウは二〇〇四年五月にベルリンで行った演説でこの趨勢を正確に言い表している[8]。「わが国が自信を喪失しているのには具体的な理由があります。例えば、実業界に身を置くにせよ、公務に携わるにせよ、それぞれの分野で責任ある人々の一部が、きわめてあけすけに私腹を肥やしている、そういう実例を私たちは目の当たりにしています。正しいことや、理にかなったことへの感覚が完全に失われてしまったようです。いわゆるエリートと呼ばれる階級に、エゴイズム、強欲、尊大がはびこっている。こうした人々があらゆるバランス感覚を失うのであるなら、彼らの階級が築き上げた制度に寄せられる信頼は、間違いなく傷つけられることになるのです」

ドイツ連邦の古参議員は次のように締めくくる。「国民がわが目と耳を疑うような事件が次々に起きています。国民は、発表になった政治声明が信じるに足りないことを、いやでも学ばざるを得なかったのです。私たちが著名な公の人物を指して『あの人の言うことならすべて信じる』といったところで、何ら信頼の表明にはならないのです」

ラウの発言が正しいことを世論調査の結果が如実に示している。「どういう人なら信頼を置けますか」という設問に対するドイツ市民の回答によれば、企業の経営幹部と政治家は最下位に連なっているのである。

企業とその経営陣に社会人としての自覚が欠如していることは確かな事実だ。しかしそれはドイツの社会をマクロ・ミクロ両方の意味で支配している大きな趨勢の一部に過ぎない。さらにいえば、産業国のどこも同じ趨勢に巻き込まれているのかもしれない。ビジネスの世界だけでなく、政治の世界や日常生活でも、つまりマクロ的規模だけでなく限定的な規模でも社会的な倫理観は崩壊してしまった。

利益がもたらす中毒症状、大量解雇、数百万ユーロを生み出す黄金の握手がビジネスの世界に横行している。秘密のパーティー資金、出所の怪しい臨時収入、非課税扱いとされる退職年金の大盤振る舞いが政治の世界に横行している。しかもこの二つが並行して進んでいる。ビジネスの世界では、所得税申告書に本当のことを書くなど愚の骨頂、ごまかしと嘘を使いこなすのが見事な手際とされている。ここではエゴイズムとどん欲は美徳だ。この二つなしには、資本主義という名のとことん残忍な世界で生き残ることなど不可能だからだ。

そんなことは信じられないという読者は身の回りを見回して欲しい。今日、小売商の手元には、せっかく商品を売ったのに未払いの請求書が束になっているはずだ。大きな後ろ盾のない小売商など、道徳観念の薄れた商社会のに一番の餌食なのだろう。読者にもアドバイスしよう。請求書が届いたら、受け取ってもいない商品に金を払う羽目にならないように、一項目ずつ穴が開くほどチェックすることだ。

以上のことから導かれる結論は明らかだ。自分の利益だけを求めろ。昨日までの美徳など忘れてしまえ。正直、公正、責任感、義務感、正義感。かつてはこれら美徳のおかげで地にしっかり足を着けられ、進路が示されたものだった。ビーレフェルト大学の調査で、一般大衆が不安を募らせ、方向感覚を失いつつあるのが明らかになっているのも必然といえる。

ドイツの『シュテルン』は「美徳への新たなあこがれ」と題した連載記事を始めた。「ドイツ市民のモラルは低下して、ビールグラス用コースター並みの大きさになってしまったようだ。南極のオゾンホールのように、美徳の真空地帯が国中に広がりつつある」[9]。大切なものが欠けているという気持ちが急速にふくらみつつあるのと同時に、何とか手を打つべきだという意識も急速に頭をもたげている。

そういう状況だから、昔からある道徳観の復活を望む動きが急速に広まっているとしても、驚くには当たらない。ローマ教皇ヨハネ・パウロ二世の逝去を何百万という人が悲しみ、次期教皇の人選に興味を寄せた。ベネディクト一六世がドイツで行われたワールドユースミーティングを訪れた。どちらも社会から失われていた何かを求めようとする気持ちの表れなのだろう。

ドイツの主要な雑誌と定期刊行物は、こうした動きを主題とした記事や連載を載せ始めた。このトピックには人々の強い興味をかき立てるものがあることが伺える。トレンドの研究家はだいぶ以前から〝価値観の返り咲き〟現象を認めているし、書店の棚には「昔からの価値基準はどこにいってしまったのか」、「行動を起こすとき」「美徳の大切さを見直そう」といったタイトルが並んでいる。

この国ではふたたび、価値そのものについてや、社会通念を含めた価値の体系と変遷、美徳の衰退といったことが話題に上り始めている。話題の性質上、当然ながら指導的な立場にある人物にも話がおよぶ。かつてドイツ連邦大統領を務めたローマン・ヘルツォークは「価値に優先順位をおくべきである」と呼びかけた。二〇〇四年に大統領執務室を、ヨハネス・ラウから引き継いだホルスト・ケーラーは、あるインタビューに答えて率直にこう発言している。「ビジネスには倫理的な基盤が必要です。練達のエコノミストとしてドイツの大統領たるものは、当然ながら倫理について語ることになるのです[10]」。企業経営陣に向けたコメントとして次のようにも語っている。「企業とは、モラルという価値を踏まえたうえで、製品やサービスという形の新たな価値を創出するものです」

私たちの社会が繁栄しているのは、社会が私たちに進むべき道を判断するガイドラインを与えてくれ、価値観という尺度を持っており、社会の構成員である私たちが、根本部分で社会の意味するところは何かについて共通の理解があるからだ。近年失われていたのはこの中の最後の部分、社会に対する共通の理解だったと思う。大きな論議を呼んだ、ある消費財のシリーズ・コマーシャルがこの点を立証している。そのコマーシャルは「グリード・イズ・グレート」と主張したのである。
　グリードとはキリスト教が定める七つの大罪の一つ、強欲のことである。つまり強欲は価値の持つ尺度としての機能を破壊し、私たちが進むべき道を見えなくする。そもそも強欲など、子供にすすんで教え込む題材でないことはいったん置くとして、このコマーシャルは教育上の不都合より、はるかに深刻な結果をもたらした。「強欲は素晴らしい」という言葉の裏では「安いことは素晴らしい」とほのめかしてもいるからだ。しかし、ただ安ければいいという考えは、社会が是認する労働の価値を打ち壊してしまう。来る日も来る日も精を出して働き、価値あるものを作りだそうと努力したあげくに、ごく安い値段でがらくたを買いなさいとけしかけられたら、その人がそれまで抱いていた価値観は間違いなく失われてしまう。一言で言えば、労働が重要な位置を占めていた価値の体系は、あざ笑われたあげくに、打ち壊されてしまうのだ。

　仕事は私たちが存在する上で決定的に重要な要素だ。現代社会では仕事の価値が人々のポジションを決定する。社会は私たちにアイデンティティーと人生の目的意識を授けてくれる。仕事の価値をおろそかにするもの、物事を考えるのに働くことの意義を中心に据えられない企業経営陣は、社会の基盤を打ち壊すことになる。私たちは個人としてもグループとしてもアイデンティティーが必要だからだ。

ここで私たちは、州がこれまで行うべき職務を何年にもわたって放置し、正しいルール作りを怠ってきた事実に触れざるを得ない。もし適正なルールがあったなら、必要な信号を送って私たちを導いてくれたはずだ。ヨーロッパではミルク一リットルがコカコーラ一リットルより安いのはどういうわけだろう。いや、私はコカコーラに含むところは何もない。ただ一部の清涼飲料よりミルクが安いことをを申し上げたいだけである。ミルクというのはきつい労働の積み重ねの結果ようやく手に入るものなのだ。私たちは自分に問いかけるべきだと思う。今日、打ち込むに値する仕事とは何だろう。労働の対価はどのような形で与えられるべきなのだろうと。

現代の世界は、国際間の影響やトレンドを断って孤立することなどできないオープンな社会だ。そんな社会で働くこと以上に重要なものとは何か。複数ある価値の中で人々はどれを大切だと考えるだろう。社会の安定を促進し、私たちに進むべき道を指し示してくれる価値基準とは何か。いずれの価値にしても新しく生まれたものではないのは確かで、どれも過去に確立されたものの復刻版だ。

先にご紹介した『シュテルン』誌の連載記事の関連で行われた世論調査が、過去からある価値が復活していることをはっきり実証している。アンケートに答えた人のうち九〇%以上が「正直と公正」、「正義」、「誠実と信頼」、「責任と義務感」が大切だと挙げ、「尊敬と良識」「仲間意識と共感」「勇気」に寄せられた数字も八〇%を超えた。

「これらの価値はあなた自身の生活にも役に立ちますか」という質問にも回答はほとんどばらけていない。九〇％以上の人が「責任と義務感」が役に立つと答えている。「誠実と信頼」、「尊敬と良識」には八〇％が集まった。七〇％の人が「勇気」、「正義」、「正直と公正」が助けになり得ると考えている。

今見たように、これら伝統的な価値は現在も生きているのだが、今日の状況に合うように定義をし直す必要はある。過去にも定義のし直しは必要だったのであり、どう定義するかについても意見の相違があったと『シュテルン』は書いている。一例として「正直」の正しい解釈についてイマヌエル・カントとニッコロ・マキャヴェッリの見解の相違を挙げている。ケーニヒスベルクに生まれたモラリストはあらゆる階層の人々が正直であるべきだと厳格に主張するのに対して、フィレンツェ出身の哲学者兼政治家は、この世の中で人間が何か一事を成し遂げようとする時に、正直は必ずしも役に立たないと感じている。

価値の中でも最も再解釈を必要としているのは「正義」である。政治家と労働組合員はこの価値の核になっているのは利益の公平な分配だといまだに主張する。自説を支える格好の論拠として、支払いの原資である利益は必ずしも経営陣が稼いだわけではないのに、経営陣が高額の報酬を受け取っていることを指摘する。しかしながら、正義には経済の営みから生じた結果のひずみを、社会規範に従って是正すること（これも大切なことかもしれないが）だけでなく、これ以外にも重要な意味合いがある。

ドイツでは現在、社会政策に関する別の問題が表面化している。一例を挙げよう。福祉に大きな予算を割いている州が、多額の手当を撤廃して個人の責任にゆだねるのはいつなのか。いつまで手当を与えれば人々はやる気になって自立するかという問題である。

各世代における「正義」の意味合いを考慮に入れないかぎり、正義という価値を現代的に解釈することはできない。年金制度の資金を現状のように、世代間扶養を基に調達するとして考えてみよう。日本と同様に少子高齢化が進むドイツでは、減少しつつある若年層が、ますます数を増やしつつある高年齢者世代のコストを負担しなければならない。これは若年層が現行レベルの年金給付を得られる見込みがない以上、明らかに不公平だ。

動きの激しい現代、機会均等もやはり重要課題だ。利益の公平な分配よりさらに重要かもしれない。オープンで公平な社会作りの前提条件は、誰もが能力に応じた機会を与えられ、経済的・社会的な発展の恩恵にあずかれることである。機会均等は知識と教育が十分に行き渡った社会で経済が発展するのに必要な条件でもある。知識と教育を備えた人材こそ、経済にとって必須の原材料だからだ。

世の中が急速に変化した結果、人々は伝統的な価値が必要であると改めて認識した。しかし今見たように、伝統的な価値が政治的・社会的にも機能を取り戻すには、新しい定義が必要である。

大切なものは他にもある。ベルリンを本拠に活躍する哲学者、ヴィルヘルム・シュミットは『シュテルン』の連載記事で次のように語っている。個人の世界観と離れてしまった社会の枠組みが、今一度結びつくことができるかどうかは、二つの要素にかかっている。一つは政財界のエリートが模範を築くことができるか。これは子供にとって親の存在と同じくらい、社会にとって重要である。いま一つは公共の場でオープンなディスカッションができるかどうかだとシュミットは説く。

だから私たちは、人々が緊急と感じている状況をオープンに話し合い検討する必要がある。この件ではドイツ社会民主党のフランツ・ミュンテフェーリンクの言葉を引用するのが一番だろう。ミュンテフェーリンクは資本家が作り出した現在のシステムを批判し、金を楽に儲けることしか頭にない金融投資家を批判して、彼らを〝イナゴ〟と名づけたのだった。

働く人と経営陣は政治論議の場でも積極的な役割を果たし、改革に向け建設的な意見を述べるべきだ。税金が重すぎる、法による規制が厳しすぎると不満をこぼし、賃金交渉の協定を緩和して欲しい、社会保障に要する費用を軽減して欲しいと訴えるだけではだめだ。国民全体が窮乏生活を要求される一方で、企業はありとあらゆる避難路を思うがままに利用しているとすれば、何かがひどく間違っている。

年の瀬に、老人ホームで暮らす人々は、今年も年金の上乗せはなかったとつぶやきながら、何を考えるのだろう。旧東ドイツの州に妻と子供たちと暮らす失業中の男性は、帳尻合わせに悪戦苦闘する頭に何がよぎるのだろう。小さな工芸品を売る業者。彼は州の助成金も税金の減免措置も受けることなく生き延びていくしかない。平均的な企業の従業員は、給与明細の控除欄で税金と保険料の額が容赦なく増えていく一方で、賃金の上乗せは期待できない。どの人の胸にも絶望感が募るばかりだ。

企業人は口を開けばドイツは産業立地国として不利だと批判する。しかしそういう彼らの中で、この国が現在抱えている問題を解決するのに建設的な提言を述べた人間が何人いるだろう。ぐちをこぼす前に、何か犠牲にできるものはないか自分に問いかけるべきだ。株主優先策、証券取引所での短期取引価格、急速に蔓延した〝合併依存症〟、コスト削減目的での生産拠点の国外移転。私たちは一時的にせよ、こうしたトレンドに振り回されて正気を失っていた。嵐が過ぎ去った今、商工業界は今一度社会構造の中で信頼の置けるパートナーとしての地位に立ち返り、安住の地としてのドイツを提供すべきである。

国民が毎日のように福利厚生制度が縮小されると脅かされ、悲観的になっているこの時、企業には独自のアイデアや提案を提出する義務がある。他人には水を飲めと説き、自分はワインを飲むのでは人々から得た信頼に致命的なダメージを受ける。破産を目前にした危機的状況でも、かつて取り入れた価値を捨て去ってはならない。企業にとって最も大切な信用を軽率にも踏みにじってしまうと、自社のイメージを取り返しのつかないまでに傷つけることになる。
この国をリードする企業人が、他人につきつけているのと同じ厳しい道徳的規範を自分自身とその企業に課さないのであれば、人々からの信頼を取り戻すことも、ひどく傷ついたイメージを修復することもできないだろう。未来が突きつけてくる挑戦に市民が打ち勝つには、広くこの国の商工業界が一体となったサポートが必要なのだ。私たち企業経営者も、要求を込めたスピーチを用意するだけでは足りない。自分の会社に必要なものと、どうすればそれが達成できるのかを具体的な言葉で宣言することを求められている。

私がポルシェの最高経営責任者に任命されて以来、仕事をこなし、意志決定を下して来れたのは、今申し上げた信念が支えとしてあったからだ。ポルシェの歴史を通じて最も困難な時期に、この会社の責任を負った。当時のポルシェは破綻の瀬戸際に立たされていた。私は決してあのときの状況を忘れることはない。私がうぬぼれたり尊大な態度を取ろうとしてもあのときの記憶が防波堤となりそれを許さない。苦しい時期に学んだことがもう一つある。企業というのは利益を上げていない限り、社会的にも受け入れられないのだという認識を植えつけられた。ドイツ連邦大統領のホルスト・ケーラーは次のように語っている。「企業があえてリスクを冒してまで雇用の機会を創出しようとするのは倫理観から出る積極的な行為である。私たちはこれに感謝こそすれ、自分たちを踏み台にして他人が金持ちになったかのように、利益を上げている企業を非難すべきではない」

ケーラーの言葉は完璧だが、あえて次のことはつけ加えておきたい。まずはお金を稼ぐこと。社会的・文化的な目的に使うのはそれだけのお金ができてからだ。それにまずは自分の身の回りをきちんと整理すること。それができて企業は社会的責任を果たせるものである。

いざ実業家が社会的責任を果たそうとするなら、生半可の気持ちでは成功しない。これも私の信念の一つだ。ビジネスとは文化的、社会的、制度的条件で左右される社会的活動だ。あくまで企業にとって中心となる要素は、その従業員と彼らの仕事なのである。彼らのノウハウが付加価値のある製品やサービスを創出するのであって、付加価値こそが企業が将来に向かって繁栄し、独立性を保つ鍵である。やる気に溢れた良質な従業員なくして成功などあり得ない。

私のような北西部出身の人間が、同じドイツでも住民気質がまるで違う、南西部の大都市シュトゥットガルトにある企業の経営を任されたら、まずやるべきは新しいホームに根を張ることだ。理由はいうまでもなく、一緒に働く人々をよく知るためである。従業員に対する責任を負い、サプライヤーを始めとする提携先との取引の責任を負い、あるいは広く地元の人々とおつきあいをする責任を負う立場に置かれた人間にとって、地元に根を張ることは必須条件だ。企業にも、その最高経営責任者にとっても、こうしたきずなを構築するのは大切なことだ。

顧客も品質と信頼のシンボル以上のものをブランドに求めている。メーカーと自分とを同一視できる要素を期待しているのだ。その要素になるのが〝生まれた場所〟、つまり故国である。メーカーにも故国は必要だ。だからこそ私たちはポルシェが操業している社会的な背景と、生産拠点としてのドイツに対して責任があると認識している。

この場所で私たちは雇用の機会を創出し、税金を払い、文化的な活動に加わって地元の生活に寄与している。私たちは望んでこの地で自社製品を製造している。それだけではなく公的な行事に参加し、力のおよぶ限り地元の社会機構がスムーズに運用されるよう貢献したいと望んでいる。

シュトゥットガルト生まれの哲学者フリードリヒ・ヴィルヘルム・ヘーゲルの考えと、同郷のポルシェは同じように考えている。ヘーゲルは遠く一九世紀初頭に個人が社会としての市に関与する際の原則を記している。「私の利益を促進すれば、社会の利益が促進される。巡り巡って、社会は私の利益を促進してくれる」。私たちの会社のルーツはドイツにある。ドイツは従業員の故郷だ。わが社の熟練工、エンジニア、経営陣が学んだドイツの学校や大学なくしては、ポルシェのサクセスストーリーは想像すらできない。私たちの誰もがドイツのインフラからメリットを享受している。おかげで子供たちを公共の保育所や州立の学校に送ることができる。ゴミは決まった日に収集される。きちんと整備された道路でドライブできる。

これら便利な施設は何一つとしてただでは手に入らない。これを考えると私にはどうにも理解できないことがある。毎回期限どおりに税金を納めている人が、なぜ同じ市の住民からどうかしていると思われてしまうのだろう。私にとって正直は美徳であって、常軌を逸した行為ではないのだが。

きちんと税金を支払うことは企業が率先して果たすべき役割であり、守るべき価値に結びつく。税金を逃れる新しい方法を考え出すのに、大変なエネルギーと金を注ぎ込む代わりに、企業を含む誰もが支払い能力に応じて正直に納税すれば、市民一人あたりの税金の平均値は下がるはずだ。企業も市民にもメリットになる。

私たちは誰もが、福祉の責任を請け負ってくれる自由社会・自由経済機構の恩恵に浴している。このシステムがあったからこそ、わが国は半世紀にわたって政治が安定し、経済が繁栄した。だから私たちにはこのシステムを支え、発展させる義務がある。

「市場は地球規模で展開している」とか、「国境を越えた競争が激化している」との現象を挙げて、だから一定の地域に根ざした企業と、その社会的なきずなが危うくなっているという説を唱える人がいるが、根拠の薄い言い訳であって本質的な問題ではないと思う。

前の章でご紹介した社会学者ラルフ・ダーレンドルフ卿はこの点、明快な論旨を展開している。「成熟した、繁栄している社会機構は、概して自由裁量で自らの将来を決定できるものである」

ドイツの社会はまさにダーレンドルフ卿のいう社会そのものだ、私はそう確信している。この国の〝福祉に指向した資本主義〟は近年横行した不行状ごときで壊滅したりはしない。資本主義は社会主義を打ち負かした。その資本主義者が進める改革は、自ら育てた〝子供たち〟を壊滅させようなどとはしない。自由市場経済では企業が危機的局面に遭遇するなど特別なことではない。どんな道を選ぼうと、必ず山も谷もあるのだ。

高い志を抱く、利益を追求する、これらは資本主義に自ずと備わる基本要素である。自由市場の創始者アダム・スミスもそのことは先刻ご承知だ。ただし自分の力だけで向上しようとする精神を、むき出しの強欲におとしめてはならない。国にはそれを禁じる法律と法規が備わっている。しかし法律が禁じているからしないというのは本来の姿ではない。人間の心には、一線を越えてしまったと感じる感性と、行動を律する一定の規範と道徳律が本来備わっているものだ。とりわけ規範と道徳律という原則と価値の中には、将来に向けて今まで以上に注目し、尊重すべきものがある。

経営エキスパート、マリクはこんなことを言っている。「（心理療法ロゴセラピーを開拓したオーストリアの精神科医・心理学者）ヴィクトール・フランクルが著した、新たな分野を開拓する著作を読むと、人々が人生に目的を抱くことは、金銭より大切であることが理解できる。フランクルの主張でも特に鍵を握るのが次の一節だ。『誰も〝どうして〟という疑問を抱きながら人生を生きる者は〝どうやって〟という疑問にはおおむね答えることができる』」。人生の目的には仲間との連帯感という価値も含まれる。これがなければ達成感も得られないし、がんばろうという意欲も起こらない。要するに人間社会が構成されないのである。

古くからある価値観を現代の社会で有効に機能させるには、新しい解釈を加える必要がある。そうしなければまず現代社会が成り立たない。近年、価値観を巡っては広く討議が行われており、将来を明るく見ようとする意見の中から、やがて正しい道に戻る入り口が見つかることだろう。あれだけの混乱を経て、ものごとは進展し、私たちにとっての正しい方向が選択された。ドイツの、ひいてはヨーロッパの社会的市場経済にとっての正しい方向も選択された。私たちは弱者に対する責任を肝に銘じる必要がある。さもないと対立は決して消えることはないだろう。

ドイツの社会的市場経済は、社会的弱者と強者の間で均衡を取り、両者ともに利益を享受できる環境作りを目指している。グローバリゼーションの錦の御旗のもと、資本を唯一の決定要因に仕立ててはならない。何かを決定する上で、弱者と強者の不調和を回避するには社会的責任が裏づけとして必要になる。グローバリゼーションに反対する人々はまさしくこの点を衝いて、資本が発揮すべき社会的責任はどこに行ってしまったのかと唱えている。

この章で先に紹介したザンクトガレン大学の調査では、一般の人々は企業に対して高い期待感を抱いている。アンケートに答えた人のうち九五％が、将来はビジネスポリシーにおいて企業の社会的責任が一層大きな役割を果たすべきだと考えている。同調査から引き出されたもう一つの結論も非常に興味深い。社会的責任を前向きに果たす企業は、そうではない企業と比べて長期的な成功を収めることができると考える人が八六％を占めたのである。

それではいったん失ってしまった価値を取り戻すにはどうすればよいのか。模範となるモデルが必要だし、社会にとって望ましい価値基準を定める世界共通のルールが必要だ。ルールを知らずしてゲームには参加できない。たとえばモノポリーも、一人だけが勝ち抜けしてしまいそうでも、突然、監獄に放り込まれ、レンタル料で稼いだ収入を一切失うこともある。それはルールのおかげなのである。

第五章

なぜ政治は手をこまねいているのか

勇気をなくした私たち

ビジネス戦略の半分は心理的なものだとよく言われる。世の中全体のムードが良好な状態にあって初めて企業は業績を伸ばし、新しい雇用の機会を創出し、高いレベルの賃金を支払い、国と国民に貢献できるのだという。それが本当なら、ドイツがここ何年もヨーロッパの中で経済成長率の最下位に甘んじているのも、〝病める巨人〟と周囲から哀れみを買っているのも不思議ではない。国全体のムードが最悪だからだ。

最近の世論を聞いていると、産業立国としての我が国に未来はないという気になってくる。政財界の重鎮は、最近人気の出始めたスポーツ選手か何かのようにドイツをこき下ろしている。生来の国民気質ゆえ、言葉によって自己崩壊する可能性が高い国は、ドイツをおいて他にないと思う。

メディアも胸の悪くなるようなやり方でこの風潮を煽り立てている。発行部数と視聴率に縛られている彼らも、ある意味で短期的利潤を求める世の中の犠牲者だ。報道界のベテランなら、悪いニュースは金になるが、良いニュースも金になるとわかっている。しかしメディア界の競争が激化し、最近は広告収入が危機的なまでに激減したことも手伝って、先行き不安なムードが広まってしまっている。

騒ぎの渦中から距離を置いて冷静に分析する番組より、視聴者の心配を煽り立て、破壊的な批判に満ちた番組の方が金になることは明らかだ。大きな声の連中は、そうすれば自分たちが注目され金になると信じている。受信料で運営されている州営テレビチャンネルは公的な役割に専念すべきなのに、民放チャンネルと視聴率を争っている。メディア界の趨勢に対抗する意志がないか、能力がないに違いない。結果として政治にまつわる何もかもが針小棒大に扱われる。過激な番組作りに応じて政治家たちの反応も熱を帯びる一方で、政治討議はいつしか本来の姿である、最良の回答を見いだす競争の場ではなくなり、他の政党の提案を非難する戦略の場になってしまった。

何十年もかけて築き上げた経済の成功が、この嘆かわしい状況によってあっという間に破壊されないよう、十分注意すべきだ。アメリカもアジア諸国も、ここまで自分の国を疲弊させようなど夢にも思ってはいないだろう。

最も大きな声で自国を批判しているのは企業経営者で、矛先は社会的・政治的情勢に向いている。企業経営陣を対象にした調査があるたびに、嫌気がさすほど決まった結果が出る。彼らは産業の拠点としての自国に大した価値はないと考えているのだ。ジャーナリストのヘンリック・ミューラーは次のように書いている。「グローバリゼーションのために、どこにでも移動可能なビジネスエリートと、自分の土地にはまりこんで動きがとれない一般国民との間には溝ができてしまった[1]」。続く結論を聞いても、やはり希望は持てない。「この溝はますます深まりつつある。近年国内の状況が暗くなるほどに、企業経営陣やオーナーは行き場のなさを感じている。迷いのある場合、経営者たちはドイツに対しノーを選ぶようになった。中国やアメリカなど生産拠点に適した国は他にあるのだし、開拓者精神というのは人から人へ広まりやすいものなのだ」

近年、国中に悲観論がはびこった。今でもドイツ経済は絶望的なケースとして切り捨てられ、実態はどうあれ、この国の危機的状況は細大漏らさず過剰に煽り立てられている。熾烈な国際的競争と、頑固な労働組合は克服できない問題として喧伝され、何の行動にも出ようとしない政府が一番罪が重いとやり玉に挙げられている。

今こそ明るいところに出て、悲観的観測の拠り所になっている論点に反論すべき時だ。この国は今でも国際競争に打ち勝つ十分なメリットに恵まれた生産拠点である。唯一の難点は、今、生産拠点に求められている条件がかつてと変わってしまったことにすぎない。悲観論のせいで経済成長は妨げられ、硬直化した既存の構造を改革しようとする政策も大抵が先細りで終わってしまう。誰かが賢明な提案を出すやいなや、批判家が群れをなして反対を唱える。それも自分のキャリアに箔をつけるか、限られた団体のエゴイスティックな利益を満足させるために。

現在、政府はドイツ社会民主党と緑の党によるかつての連立政権から、大連立政権に生まれ変わった。それにもかかわらず戦略的に取り組もうという熱意が足りないように思える。大連立政権は主要三政党の議席を統合し、多数派を握った。改革と称して、結局は継ぎはぎ細工に終わりかねない今のようなやり方をやめて、政治課題に果敢に取り組むべきである。現政権は発足当初、最も急を要する課題にようやく着手し、世の中のムードを改善するべく繰り返し試みてはきた。しかしこれだけで長期的に上向きのムードを生み出すことができるのだろうか。

ワールドカップサッカー開催の四週間に、ドイツ中に広がっていったムードは印象的だった。外国から観戦にやってきた人々は、快活ではつらつとしたドイツを見たことだろう。いつも国中に蔓延していた、気むずかしく、愚痴っぽいというイメージとはまるで違っていた。イメージを変えた立役者はサッカーの代表チームだ。大会前、ドイツ代表は厳しい風評に耐えるしかなかったが、彼らは課せられた任務に確固とした自信を持って取り組み、三位を獲得した。困難でもやりがいのある目標を設定すれば、素晴らしい業績を上げられることを私たちに立証してくれた。

しかし連邦議会と各政党は、ドイツ代表の活躍振りにどうやら感服してはいないようで残念だ。唯一彼らが関心を持ったのは、国民に戦後最も大幅な税金の引き上げを課すプランのようだ。わが国の首相は、この国をヨーロッパ経済界のトップクラスにもう一度ランクさせるのが目標の一つと、しばしば発言している。それに向かって大がかりな改革に着手するだろうと私たちは期待しているのだが、これまでのところ肩すかしを食っている。

連邦州の機構を早急に改革して、政治判断が透明性をもって迅速に下せるように持って行くべきなのに、政府は及び腰だ。健康保険制度は、まるで巨大な獣を飼っているか、底なしの穴に金を投げ込むのに等しい。健康保険制度を大幅に効率化する大改革が進められるべきなのに、目的を達成できないまま終わる運命にあるようだ。政府にとっては一般市民のポケットからお金を抜き取る方が簡単なのだろう。

大連立政権は今までのところ、政党どうしのなじりあいという、おなじみのカオスから脱却できていない。各政党の利害が反するため、何年にもわたってやっかいな論争を繰り広げたあげく、ようやくにして最大公約数的な意見共通にいたり、実行に移されるというのが現状だ。「給与控除額を低減します。ビジネスに州が関与する部分を減らします。煩雑な手続きを簡素化してビジネス経済を活性化します」――どれも公約だけが一人歩きし、やがて忘れられていく。

国内経済界の諸勢力が発展して本来の姿を取り戻すには、多くの障害を克服し、負担を背負わなければならない。この国の経済力の基盤を成すべき中規模企業が、とりわけ今の状況に苦しんでいる。労働市場が硬直化してもう何年も経ち、失業保険給付金と福利厚生に要するコストが上昇している。政府の顧問役、ハルツの名前を冠した改革（訳註：二〇〇二年、連邦雇用庁および連邦労働局の改革を目的としてシュレーダー首相が召集した諮問委員会委員長を、革新的な労働改革で知られるVWのペーター・ハルツ人事担当取締役が務めた）は、どれも本質的な変革とはならず、わずかな費用軽減をもたらしたに留まる。圧倒的勢力でのさばる官僚主義、高額の諸経費と給与控除額が、植物を蝕むウドン粉病のように商工業界を苦しめている。

はびこる無関心な態度、高い失業率、赤字予算、荒廃した福利厚生制度、希望のもてない未来への展望――近年国民の間に不満を醸成したこれら諸症状は、すべてたった一つの原因による。社会のグループ一つ一つの〝食欲〟はそれぞれに切り分けられるケーキの大きさをはるかに超えている。つまり過去数十年の間に国民が慣れ親しんだ生活水準は、ますます熾烈さを増す国際間競争の渦中で、予想をはるかに上回っているのだ。

最初に明らかな結果が出てから、今日までずいぶん時間が経過した。歳入のうち、ただ浪費されてしまう部分があまりにも多く、投資に十分な額が回っていない。連邦財務大臣は税収入の七〇％を公共サービスに費やしている。[2] 税収入の圧倒的大部分が社会保障給付金と、膨大な額にふくれあがった国債の金利補填に使われ、学校、道路、保育園、交通インフラの整備などの投資に回っていない。

「腹が一杯になって止めようと感じたところから繁栄が始まる」これはノーマン・メイラーの言葉だ。名前を聞くと、冷静で綿密なアナリストというより感情豊かな人物像が思い浮かぶアメリカの作家である。国の政治に係わる大きな任務に取り組む私たちにとって、実に適切にして優雅な格言だ。この言葉は、これまで親しんできた快適な習慣の多くに決別する時がくるのだと教えている。

ここではグローバル化した世界におけるドイツの現在の位置と未来の展望を決定する要

素について、そのあらましを述べ、最も緊急に政治的な行動が求められる課題について述べるにとどめようと思う。すっかり活気を失ってしまった現状からこの国を救うには、政治家はどこから始めればいいのか、どんな決断が求められているだろうか。

州経済の莫大な財政赤字は、完全に間違った方向に展開した政策の象徴となっている。「ヨーロッパの安定および成長協定」を締結する際は、ドイツも小さからぬ役割を果たした。そのドイツが財政赤字を抱えているのは、明らかな協約違反だ〈訳註：この協定はユーロ圏メンバーである欧州各国の財政赤字の上限を定める。ユーロ圏設立当時の目的は、各国政府が欧州中央銀行〈ＥＣＢ〉に伝える金利をコントロールし、インフレ率を抑えることにあった。しかし政府の支出を増やし、大幅な赤字財政に転落することで、ＥＣＢが課す厳格な通貨ポリシーを回避しようとする国が出ることを懸念し、ヨーロッパ通貨同盟の構成メンバー、とりわけドイツは、財政赤字の上限を国民総生産の三％以内とする協定を結ぶよう主張した。しかし主張したルールを守れずにいる〉。ただこれは形式論に過ぎず、生活との関連においてはあまり大きな問題ではないのかもしれない。結局のところ財政赤字の上限を国民総生産の三％に定める理由はどこにあるのか。二・九％なら容認するが三・一％では我慢ならないという根拠はどこにあるのだろう。

はるかに重大な問題は、こうした数字論議とは別のところにある。過去数年にわたってドイツ財政の新規負債が三％を超えることなくボーダーライン上に留まるよう、多大な努力が払われ、幾多の巧妙な定義を駆使することを強いられた。例えば二〇〇六年など、どうしても不可能と認めざるを得ない年もあった。三％という数字が「基本法」の精神に合っているかどうかの論議はいったん置くとしても、負債を生んでいること自体が、私たちが分不相応の暮らしを送っていることを示している。政府が投資に回せる額以上の赤字を出しているということは、次世代から金を借りて、今の消費レベルの支払いに充てていることになるのだ。

これだけでも十分よくないことだが、これでは真実の半分を語ったことにしかならない。数年前に財務大臣ハンス・アイヘルが試みたように、政府がなんとか赤字の増加を回避したとしても、自分たちの生活水準の高さからすれば、私たちの未来に対する貢献度ははなはだ低い。つまり、次世代の生活を犠牲にして、今の生活を営んでいるのだ。国の経済が毎年焼いてくれるケーキを目の前にすると、その大半を食べ尽くしてしまう。高額の社会保障給付金と金利負債額を見れば明らかだ。

社会は何にも増して、次世代に対して責任がある。とはいえそのために現状がどうなってもいいとはならない。自分が満腹になるまでは将来のことまで気が回らない。鋭いユーモアの持ち主がいみじくもこんなことを言っている。「一〇年後でも支払えない生活水準を今享受しようとする、それが私たちのいう生活水準だ」

問題をはっきりさせるために、財務大臣が新規負債を出さなかった場合を想定してみよう。これで大きな政治的問題が一つ解決するが、それでも第一歩に過ぎず、未来の見通しを明るくするにはほど遠い。連邦ドイツ政府の投資額は、予算全体の九％をわずかながら下回る。ほんの一〇年前、この数字は一二・五％だった。一〇年前の水準に戻すだけでも政府は現行の二三〇億ユーロではなく約三三〇億ユーロの投資額を計上する必要がある。

国内総生産との比較でいうと、政府の投資額は一九九二年の三％から今日の一・五％へと半減している。[3] 連邦政府と州政府が一体となり、未来が課してくるニーズを満たすべく、一九九二年と同じレベルの投資をしようとするのであれば、三三〇億ユーロではなく六六〇億ユーロが必要だ。

国の財布が赤字で、かつ投資にあてがわれる予算比率が小さい。この二つから、この国が自分の未来を著しく傷つけている事実がはっきり見える。新規負債をいかに短期間に削減できるか、未来はここにかかっている。歳入から消費する分を少し減らし、来るべき国の経済と子供たちの未来に少し投資額を増やす、望ましい状態にするにはどうすればよいのだろうか。

私には歳出を大幅に削減する余地が見える。その総額は決して些末な数字ではない。キール国際経済研究所の試算によると「二〇〇四年に私企業と半官半民企業が受け取った助成金は一四五四億ユーロに達し、これは税収総額のおよそ三分の一に相当」[4]する。この大金の恩恵に浴したのは、不況の影響を真っ先に受ける炭坑業だけではない。自動車メーカーも含まれている。自動車産業はすでに利潤を上げており、キャッシュの投入は現実的に必要ないにもかかわらず、少なからぬ数の自動車メーカーが助成金を受けているのである。

政治家へ私からアドバイスするなら、ただちにこの種の助成金を廃止するべきである。今の助成金の大部分は国の経済に利益をもたらすことはなく、適正な競争をゆがめているだけだ。政府が差し出す金を諸手を挙げて受け取る企業の大半は、使い道について特別な考えを持っているわけではない。未来に備え、良識に基づいたプロジェクトに投資すべきところを、分別なくむだ遣いしている。

地方活性化のため、工場建設を奨励する助成金は必要と説かれている。しかし奨励金がそのように使われるケースは、皆無とはいわないが、多くの場合は都合のいい神話に過ぎない。純粋に助成金のみを基盤にして、企業が新しい生産拠点を選ぶことなど通常ありえない。工場を建設する目的は長期的な利益を生むことであり、従って成功するための条件が整っていない場所には建設しない。企業経営者なら誰でも知っていることだ。その候補地が長期的な利潤をもたらす見込みがないなら、いくら助成金を受けたところで情勢が有利に変わるわけではないのだ。

足下のふらついている企業だけでなく、産業界の一角が、公的資金から捻出した助成金という人工呼吸を受けている。雇用の確保が表向きの理由だが、残念ながら過去にこの約束が守られたことはまずない。政府からこのような形で支援を受けた企業は、大抵遅かれ早かれ事業を畳んでいる。

いずれにしても、自然死の過程を辿っている産業の一角に輸血することに、どれほどの効用があるのかを問い直すべきだと思う。もっと有効に使う方法がきっとあるはずだ。

この話題になると必ず炭坑業が頭に浮かぶ。この産業で雇用が確保されているのはすべて助成金のおかげで、その年間平均額は三万ユーロに達する。国際市場での競争力がない以上、ドイツの炭坑業に未来がないことは誰の目にも明らかだ。ここに投じられてきた数十億ユーロの資金を、系統立ったやり方で未来に投資したら、どんなことが達成できるか考えて欲しい。国債を減らし、学校や大学を発達させ、フレッシュなアイデアや革新的な商品を売る企業をサポートする。これで経済に弾みがつくだけでなく、将来何年にもわたって確かな雇用の機会が創成されるだろう。

助成金擁護論の致命的な欠陥を見落としてはならない。助成金とは、過去に対して資金を調達することであり、現代の競争熾烈なグローバルマーケットに金を運び得ない構造にしがみつくことだ。政治家もすでにそれに気づいている。大連立した連邦政府内閣の財務相ペール・シュタインブリュックは議会で次のように述べている。「私たちは過去に過剰な資金を注ぎ込み、未来に十分な金を投入していない」[5]

シュタインブリュックの見解が正しいことは、他の国と比べてみるとわかる。ドイツ経済研究所がまとめたデータを見ると、一九九〇年代序盤、ドイツのマクロ経済レベルの投資額は、工業国のなかで日本を除くすべての国を上回っていたのだが、二〇〇二年までに状況は逆転し、これら諸工業国の投資額がドイツを上回っている。[6]

地球規模の競争から我が身を守るために、未来の成功を約束する分野に投資すべきだ。それは教育と研究開発の分野である。この二つは将来の経済、すなわち国民の繁栄が立脚する基礎となる分野である。ドイツにとってはこれまでの成功ではまだまだ足りない分野でもある。

私たちは今、「知識を基盤とした社会」に住んでいる。土地、機械、資金を持っているだけではもはや富の増加は保証されないのだ。この裏づけにハイテク産業の象徴、ビル・ゲイツやラリー・エリソンを引き合いに出すまでもないだろう。知識と能力は競争上の長期的な競争力をもたらす重要な生産要素である。知識は人間の資産だ。知識は人から人へと広まる。知識を生産の分野に応用できるのは人間だけである。

ヨーロッパ諸国の学習到達度調査を見るまでもなく、教育と職業訓練を早急に見直すべきなのは誰の目にも明らかだ。長期的・集中的な取り組みが必要である。学ぶことが楽しくなる方法を取り入れ、さらなる功績を奨励するインセンティブを設定すれば、はっきりした成功を収めることができると確信している。大学、専門学校、工業専門学校に送り込んだ生徒の数に応じて教師の給与を決めてはどうだろう。最も優秀な生徒を輩出した学校には、公式の賛辞を添えて賞品を提供してもいいと思う。

　こういうアイデアを実行すれば、今、抱えている教育・訓練の問題は必ず解決できると思う。私の構想は細部の描き込みが足りないし、理論として柔軟性に欠けているかもしれない。しかしドイツは教育面で可能性を持っているのだ。問題に対して積極姿勢で考える方が、何もせず終わってしまうよりよほどいいはずだ。

　学校をお役所的官僚主義から解放し、生徒の評価を柔軟で明確に、透明性をもって行うべきだ。大学を厳しい競争に晒すべきだ。そうしないと国際的な教育の世界で、いずれ私たちは落伍者の憂き目を見るのは確実である。

　ドイツの教育が国際社会で通用しなくなりつつあるのも、やはり投資が不十分だからだ。ＯＥＣＤの調査がはっきりと示している。小学校に通う児童一人あたりにつきドイツは年間四二〇〇ドルを投資している。対して日本は五七〇〇ドル以上、アメリカは七六〇〇ドルだ。中・高等学校にも同様な数字があてはまるが、大学となると劇的な差となって表れる。ドイツは大学生一人あたりの年間投資額が一〇五〇〇ドルなのに対し、日本はこれをやや上回り、アメリカは実に二倍以上の額を投資しているのだ。[7]

　仕事柄、どうしても私の興味はエンジニアと専門技術者の育成に行ってしまう。自然科学と工業技術の教育に素晴らしい伝統を持っているのに、ドイツは今明らかな理由もないまま、この分野で著しい人材不足に陥っている。企業に必要な技術者の卵を採用することが、年を追って難しくなっている状況だ。技術を身につけた研修員が明らかに不足し、人材不足はドイツ経済の発展を妨げる最大の要因となっている。ドイツ企業が雇用している従業員一〇〇人あたり、工業、自然科学、バイオロジーを専攻した卒業生はたった一人しかいない。これはOECD加盟国の平均を遙かに下回る数字だ。

ドイツが地球規模の競争に勝ち抜き、生活水準を落としていかざるを得ないという危機的状況を回避するための唯一の回答は、研究・開発に投じる支出を国内総生産の少なくとも三%まで増やすことだ。三%は連邦ドイツ政府が提唱し、EUが加盟国に推奨しているレベルでもある。私の結論をもう一度繰り返す。今まで見た比較データはすべて次のことを示している。過去への支出を減らし、未来への投資を増やさなければならない。

そうすることによって高い教育水準、伝統的に優れた工学技術、大学と専門の研究施設による高度な研究レベル、革新的な製品・サービスを生む能力と進取の気性を備え、輸出に強い産業界といったドイツの強さは議論の余地のない水準にまで促進される。

グローバリゼーションの時代に、未来への投資がなぜ本質的な部分で重要なのか、次の比較データを見れば理解できる。中国の投資額の総計は（国と私企業の総計）は四年ごとに倍増している。東南アジアでは五年ごと、経済発展途上国ではないアメリカですら七ないし八年ごとに倍増しているのだ。

その効果もまた歴然たるものがある。過去一〇年、OECD加盟国の実質経済成長率は二・六%。アメリカは三・三%だったのに対し、ドイツは一・五%に過ぎない。ドイツを下回ったのはスイスと、一〇年にわたって景気後退が続く日本だけだ。韓国は四・二%を達成した。中国とインドの躍進ぶりについては、あまり詳しく見ない方が精神衛生上よろしいかもしれない。

結果にも大きな差がついた。二〇〇四年、アメリカの国民一人あたりの所得は約四万ドルだったのに対し、ドイツは三万ドルに届かず、OECDの平均をわずかに上回るに留まった[8]。

将来の見通しを大幅に改善するために、アメリカのやっていることをすべてまねるべき、私はそんな主張をするつもりは毛頭ない。ヨーロッパにはアメリカとは異質の伝統があり、ドイツには社会的市場経済で十分な成功を収めてきた誇れる伝統がある。この国に必要なのは福利厚生制度の見直しである。これから経済の変革があるのは避けられず、給付金のレベルは間違いなく減少傾向を辿る。それでもこの制度に依存して生活している人たちが受け入れられる範囲の下げ幅に収まるように、収支のバランスがとれた、現実に効用のある制度改革が求められている。

企業はそれぞれに独自の道を追求するものだが、自己を認識するためにどうしてもベンチマーキングの作業が必要になる。つまり競合他社との比較作業だ。他社のまねをするのではなく、自社の展望を評価し、見逃しているチャンスがないかを評定する。

賢明な経営者の手にあり、成功を収めている企業は、将来も成功を続けるために利益の相当部分を投資に充当する。そして新製品を開発し、新しい製造機械を購入し、工場を建て、従業員を教育・訓練する。一家の全員に責任を持つ家長は、安心して日々の生活を送り、老後を迎えられるように、収入のすべてを消費するのではなく一部を貯蓄に振り分ける。

ところが戦後五〇年にわたる繁栄を享受してきたドイツ連邦は、手持ちの金を消費に使い切るのが当たり前になってしまった。これでは「腹が考える」のではなく「腹を満足させる」だ。ドイツは時代遅れの産業をむりに働かせ、日々遭遇する危険は人によりさまざまだというのに、市民を十把一絡げにした保護政策を施行し、富は一層公平に配分できるだろうという希望的観測のもと莫大な額の金を投入し、さまざまな〝慈善活動〟に金を浪費している。

分相応の生活水準を保っている社会なら、こうした政策も適切なのかもしれない。しかし、今のように、分不相応な生活を相変わらず続け、しかも改革を試みているとはいえ、保護政策を止められないとなると大きな問題だ。どの要求も一律に満たすキャッシュなどこれから先どこにもありはしないのだ。

私たちが不平を漏らすのをもっと早くに止め、投資を増やしていたら、今ごろはもう少し資金をやりくりする余地ができたことだろう。政治家が責務を厳粛に受け止めていれば、もっと早くに有権者に伝えることができただろう。困難な時、従業員に現状を腹蔵なく知らせ、いかに不興を買おうとも、必要な措置を執るのが優れた経営者の務めだ。国民に、国は道を間違えたと知らせ、早めに正しい判断を下すのが政治家の務めだ。ドイツの政治家はその務めを果たせなかった。

求職者と同数の働き口が提供されるという従来の意味での完全雇用は永久に失われたと、誰が勇気をもって世間に知らしめるのだろう。誰が年金制度に積極的に取り組み、改革するのだろう。現行の形ではもはや資金を調達するのは不可能だ。すでに足りていないものを基盤に将来を予測して、物事は今より必ず悪くなります、不足分はできる限り平等に負担しましょうと発表してお茶を濁すなら、政治家はまったく責務を果たしていない。

自分たちが選んだ代表に、国民は何を期待するのか。まずもって適切な行動を第一に挙げると思う。政治家は自分が負った責任に応える義務があり、目の前に立ちはだかっている緊急の問題に、納得できる回答を見つけなければならない。政治家は個人年金の積み立てが必要不可欠だと二〇年前に知らせるべきだった。彼らは若年層に、老後に備えて今から自主的に積み立てないと、受給資格者となっても社会給付金にも達しない年金しか受け取れないと率直に知らせるべきだった。

政治の世界も他と同じだ。率直、正直、高潔な姿勢を保ちつつコミュニケーションを図るしか方法はない。間違いなく不興を買うとわかっている時でも、躊躇なく真実を語れる態度が必要で、政治家にはたとえ相手に苦痛をもたらす結果になろうとも、状況を明らかにする義務がある。真実を語り、自分の下した判断を明解に、聞き手にわかるように説明する政治家の言うことは、いずれ国民の大半から受け入れられ、その行動は認められるものである。

政治家がその反対のことをすれば、反対の結果しか生まない。失望感がいたるところに広まる。企業は税金が高い、操業条件が劣悪だと不平を漏らす。人々はこれまで享受してきた社会サービスが一つ、また一つとなくなって行くにつれ、力を失ったように感じる。その一方で政治家は年金は大丈夫だと胸を張り、慌てて「原則としてですが」と言い添える。

真実を告げることは、政治家にとって有権者に見捨てられる危険な綱渡りに等しい。それでもやはり国民には事実を明確に知る権利がある。事実を知らせるのが遅れればその分切り出すのが難しくなる。今国民に伝えるべきメッセージの内容は経済状況が苦しいこと、その結果、生活にもいろいろと制約が出てくることに留まらない。国民にもやるべきことがあると伝えなければならない。戦後から今日にいたるまで国民の大多数が抱いていた政治意識を変える努力が、今まさに求められているのだ。このメッセージが伝わらない限り、ドイツはグローバル化した世界で競争する準備が整ったとはいえない。

これまでは物事の考え方がいささか安易に過ぎた。繁栄の基盤となる人々の心構えも、経済基盤も、強化していく努力をおろそかにしてきた。今はこの二つに専念し、新しい優先順位を立てるべき時だ。しかしこれに着手する前に、〝頭の中のインフラ〟を整理する必要がある。

これは社会と政治家の前に立ちはだかる大きな難問だ。政治家は公の場で討議して、国民の根本的な意識改革を進めなければならない。そのためには自分自身の役割を定義し直すことも必要だ。政治家は多数派党が喜ぶように、ケーキの切り分け方を変えるだけで満足してはならない。グローバル社会で成功を収める政治家には、経済成長、機会均等、強い競争力を育む最適な環境作りが求められている。

大連合政権を迎えたドイツの国民は、それに相応しい大きな改革を待っている。大なたを振るって束縛から解放し、これまでのやっつけ仕事にストップをかける時だ。これまでは政治決定が下るたびに、「効果的な改革はまもなく行われる」という私たちの希望は砕かれてきた。「小さな一歩を重ねつつ前に進む」という指針を掲げるような政治なのだから、これも驚くには当たらないのかもしれない。この指針に潜む本音がはっきり透けて見える。

政府は国民に大きな負担を強いることをしない代わりに、大きな公約も掲げない。そうすれば誰も失望しなくて済むというわけだ。しかしこんな政策を進める限り、絶えず修正したり細かい調整をするばかりで、問題解決には少しも近づきはしない。その現実をいずれ突きつけられることになる。

政治家諸氏よ、小細工は止めたまえ。過去の不十分だった点を修正しているイメージを伝えようと、いかにも息を切らして走っているように見せたところで、何の実効もない。政治家が未来を形作るために全力で打ち込まなければ、市民の間に自信や前向きな姿勢、安心感は浸透していかない。私たちは社会のムードを変えねばならない。そうすれば自分たちに開かれたチャンスを見いだし、しっかり掴むことのできる未来に向かって乗り出せる。

近年行われた福祉制度、年金プラン、健康保険、社会保障の改革からははっきり見て取れることがある。及び腰で下した判断はどれも実効を挙げるには不十分なばかりか、社会全体を麻痺させるだけだ。これまでにも増して抜本的に社会サービスが削減されることになるのを国民は知っている。国民は、きっとひどいことになる、自分にはどんな影響があるのだろうと憶測して日々を過ごしている有様だ。皆過去に引きずられ、そのあまり自分自身の状況を悪くしている。未来に向かって前向きに一歩を踏み出す道が見えないからだ。

ドイツの経済成長率がいつまでも低迷し、新たな雇用の機会が創出されないのは、消費意欲が薄いせいだからと、しばしば国民がやり玉に挙げられる。しかし今の状況で消費意欲が薄らぐのは当然ではないか。人々は今度税が引き上げられ、福祉制度が削られたら、実質収入が目減りするとびくびくしながら日々の生活を送っているのだ。受給年齢になっても相応の年金を払ってはくれないと考えている。消費財を買って購買意欲を満たすなどもってのほか、これでは手持ちのお金をしっかり握って離さないのも当然だ。

ひるがえって、ドイツの政治家はあらゆる時間と努力を傾注して、頼りない妥協案を「すべての最善の世界における最善の結果をもたらす」ものだと、一七世紀の哲学者G・W・ライプニッツの言葉を借りて、私たちを説き伏せようとし、消費者に節制などおやめなさいとけしかける。自分たちが下した政策は力不足で、さらなる福祉制度の削減は避けられないとは決して認めないだろう。だから不安感と不信が高まり、人々はいよいよ用心深くなる。この悪循環は危機的状況から人々を救うどころか、ますます人々を危機的状況に引き込んでいる。

わたしがポルシェの組織改造に着手したとき、政治家と同じ轍は踏まないよう努めた。改造の過程については次の章で詳しく説明するが、踏み出すべき最初の一歩は、実に遠大で抜本的なもので、決して生易しくはなく、やり抜くには私の全エネルギーを費やさねばならなかったほどだ。次に自信過剰だったポルシェの従業員にとっては大きなカルチャーショックを与えることになったが、日本のコンサルタントへ協力を求めた。とにかく、政治家のような最大公約数的な解決策は採らず、私自身がこの会社に最善と思う行動を取った。

結果は一目瞭然であった。延々と組織改造という階段を上り続けなくとも、この難しい段階さえ克服すれば、会社は未来に力を集中できるのだと、次第に従業員は理解してくれた。彼らの抱く疑問も「次は何が起こるのだろう」から「何を目標にするべきか」に変わりはじめた。組織改造の最初の一手が実を結ぶころには、会社のムードも戦略もはっきりと前向きになっていた。

政治的な判断と、企業経営における戦略的なステップが直接比較できないことは承知している。しかし本質的な問題は同じで、その一つはリーダーシップの欠如である。だからこそ財界と政界が定期的に対話を持てば、将来有望な解決策の手がかりになる。私個人の意見はきわめて明確だ。経営者は政策討議で自分の役割を果たすべきである。これがドイツ全体を活性化する唯一の方法だ。要求したり批判したりするのに頑張るだけではなく、政治的な意志決定にも積極的に貢献し、建設的な提言をして改革を推進すべきだ。改革をスピードアップするため、自分たちは何を犠牲にできるのかも自らに問うべきだろう。

理屈をこねることに終始してはならない。日々の政治には、小さな一歩を重ねつつ前に進む作業や、やっかいな問題が呈する際限のない細かな作業もあるかもしれないが（「根気よく非常に厚い板に穴を開ける作業」と偉大な社会学者マックス・ウェーバーは記している）、この国と、その産業界と、国民のためにビジョンを立てることも政治家の任務だ。ビジネスの世界でも継続的な成功を収めるには長期的なプランが必要だ。ただしビジネスでは常にコストコントロールがつきまとうが。

ドイツをマクロ経済の正しい道筋に戻したいと願っている皆さんに、フランスの作家アントワーヌ・ド・サン＝テグジュペリの名言を紹介したい。「あなたが船を造りたければ、人を集め、きみは木材を集める人、道具を準備する人と、仕事を割り振ってはいけない。みんなの中に眠っている大海原へのあこがれを呼び起こせばよいのです」

この言葉は、かつては国中に広まっていた開拓者精神を刺激する。政治家とビジネスパーソンは相互に意思疎通を図り、国が辿るべき途と、競争熾烈な国際社会で一〇年後に占めるべき地位を指し示すべきだ。

私たちにもこのゴールにたどり着けるように、国の強みを活性化する努力が求められている。高い教育水準、勤労をいとわない国民性、技術的ノウハウと創意工夫、第一級のインフラ、世界に鳴り響く産業界の名声。とりわけ中規模企業が秘めている可能性はこの国の大きな強みになる。彼らには進んで国際市場に参入する意欲がある。国の経済にとって一つの重要な柱になるはずだ。

私は関係各位に求めたい。この国の価値をおとしめるのは止めよう。ドイツが達成すべきこと、この国の強み、この国を一層発展させるためにできることを話し合おう。これは企業経営陣の任務であるがもちろん政治家の任務でもある。

衆人環視の中で重要な任務の実行を求められるのは、企業経営者も政治家も同じだ。成功を望む意志を固め、人々に明確な指針を示し、実行可能な目標を設定する。つまり私たちの任務は、地平線の向こうのゴールにたどり着きたいという欲求を掻き立て、人々が持っている能力に、さらなる自信を植えつけることなのだ。

それには口先の言葉だけでは足りない。状況を悪く言ったところで「それではその状況がよくなりますように」という希望の言葉が続くだけで、状況は変わらない。新しい出発を果たすには信頼が必要だ。これまで語ってきたゴールに向かってまっしぐらに前進していると人々を納得させ、「状況はわかった、さあ仕事に取りかかって状況を改善しよう」と言わせるだけの根拠が必要だ。

言葉だけでは足りない――この非難はとりわけドイツの政治家に向けても構わないと思う。本当の問題に取り組まず、実体のない討論を交わし、国民の注意を別の方向にそらす。テレビカメラの前で、あたかも自分の虚栄心こそ何より大切と言わんばかりの態度を取る。この茶番劇を終わらせる方法は一つだけだ。彼ら政治家が不愉快な話題と正面から向かい合う勇気を持つしかない。

彼らが勇気を持てないのには理由がある。政府（あるいは他の機関）が、ある地域から無料だったサービスを撤廃するとしよう。犠牲となる住民からは、嘆きの声や歯ぎしりの音さえ聞こえてくる。「神様、どうか私の家はお助けください。焼き払うなら隣の家をどうぞ」。この言い回しも当然の心理だ。どこに他人より自分を苦しめることになる、計画やコンセプトを考え出そうとする者などいるだろうか。たとえば、増税なしに医療機構を大改革できると考える厚労省の政府高官。自社に、ひいては自動車産業全体に損失を及ぼすような提案をする自動車メーカーの最高経営責任者。自分の顧客に不利に働く経費節減計画を申し立てるロビイスト。こういう人物がいるだろうか。

質問を変えよう。法的に受け取る資格のある助成金に「ノー」をいう勇気のある企業はあるのだろうか。企業は増税と聞くと不平をもらす。増税分など、助成金という名の蜂蜜の壺（その中身も税金だ）から得られる金額からすれば、微々たる額に過ぎないはずなのだが。メーカーは新規の投資をしたり工場を拡張する名目で、何億ユーロもの金を政府から受け取り、そのキャッシュフローからまったく合法的に新たな利益を生んでいる。

ここで私がそういう企業の実名を挙げたところで意味はない。国内のこうした企業の体質はどれも同じだ。ライプツィヒに新工場を建てる際、私たちは一ユーロの助成金も受け取っていない。私たちに続く企業がもっと出てきて欲しいと願っているが、どうやら見込みはまったくなさそうだ。

税金についてはどうだろう。実績に応じて納税する企業はまだあるのだろうか。問題の解決になるような貢献は何一つしていないくせに、要求だけは手を変え品を変え、のべつ幕なしに出す。状況が厳しくなると、問題をいじり回しているだけだと政府をやり玉に挙げる。あるいは生産拠点を海外に移すと脅しにかかる。まるで偽善行為と紙一重だ。

一つできることは、こうした経済界の愚行にピリオドを打つべきだと、政治家に繰り返し訴えることだ。愚行を終わらせることで私たち全員が利益を受ける。このまま愚行を放置すれば、国内の経済はいずれ袋小路に追い込まれるだろう。一方で、経済が行き詰まっても、多国籍企業は法の網をいとも簡単にかいくぐることだろう。今のままでは彼らが簡単にやってのけられるようにお膳立てをしているようなものだ。


現代の市場経済では、利己的であることが一つの原動力になっているのは事実だが、公共の利益に不利に働くまでになったら、頭をがっちり押さえ込む方策が必要になる。例えば、労働組合が、雇用が確保されている従業員のみに奉仕するというのも利己心の表れだ。

ある企業が、国全体の利益と対立する要求を突きつけて、実力行使におよんだ場合、国に抑止力がなければ、ビジネス拠点として国は脅威にさらされることになる。ビジネスの世界では、常に新たな戦争が始まらないように、全員が緊急の問題にすぐに取り組める体制を、普段から整えておく必要がある。社会のあらゆるグループが一丸となって問題に取り組めるような、基本部分での建設的な体制作りも必要だ。超党派体制などは良い例だ。

では、失業問題がどのように討議されているか見てみよう。国内で人を雇う（すなわち雇用の機会を創出する）には金が掛かりすぎる。新たな雇用は海外しか考えられない。企業経営者と業種別団体の役員の多くはこう主張するが、どうにも賛成しかねる。まず企業は社会に対する責任を自覚すべきだと思う。生産拠点をどんどん海外に移転するのが、最も簡単な解決策なのだろうが、最も適切な解決策とは限らない。国内で雇用を創出するには創意と工夫が必要かもしれないが、私は可能だと信じている。

柔軟な企業経営を行うには、経営陣と従業員が協力できる余地はまだたくさんある。系統立ててステップを踏み、最適化を図れば、労使ともに損失を被ることなく、さらなる利潤を上げることができる。私としてはこのゴールをいかに達成するか、雇用する側がもっとアイデアを出して欲しいと思っている。

企業経営陣はこうしたステップを踏む努力をせず、安易な解決策を取っている。ドイツの巨大自動車メーカーには、エンジンの生産拠点を東ヨーロッパに移転したところがある。エンジンは車の重要な要素でありながら、今では一基製造するのに二、三時間しか掛からない。わずかな人件費の差のために、高度にオートメーション化した工場をなぜ外国に建てるのだろう。人件費はいずれにしても決定的な要素ではない。生産拠点を外国に置けば、際限のないプロセスコントロールの問題が発生することは言うに及ばず、エンジニアが現地まで何度も飛行機で往復するなど余計なコストが発生する。

しかし経営者が外国に生産拠点を移したがるのは、人件費だけが理由ではないようだ。私が一番の適役だろうから、ここでポルシェの状況を紹介しよう。ポルシェ最大の工場はバーデン＝ヴュルテンベルク州の中心部にある。概して人件費が高いドイツの中でも、最も高いといわれている地域である。それでも私たちは世界市場で成功を収め、好調な業績に貢献してくれた従業員に年次ボーナスを支払っている。

外国に生産拠点を移したメーカーの多くは、受け入れ国から税金を減免されるか、完全に免除され、そこから利益を得ているのだ。しかもそうしたメーカーがドイツに完成品を逆輸入する際、関税はまったくかからないというのだから、私たちは理想の国に住んでいるのかと聞きたくもなる。

このような形で雇用を海外に流出させるやり方は、強い批判を浴びて然るべきだと思う。分別をわきまえない、愚行の極みだ。現在ドイツの失業者数は五〇〇万人に上り、なお増加傾向にある。そんな時にドイツの財務当局は、雇用を輸出しなさいと奨励金を出している。

これは決して誇張した話ではない。生産ラインを海外に移転しようと計画している企業には、投資計画、職責の移転、海外の子会社への資金調達、および管理に要する費用が発生する。実はこれら諸費用には全く税金がかからない。しかもＥＵが、新たに加盟した国で事業を始める企業に奨励金を与えているとは、いったいどういうわけだろう。おまけにドイツで徴収された税金がＥＵの予算に組み込まれ、奨励金として運用されているのだ。これでは格別安い税金を餌に、東ヨーロッパの政府が西の企業を誘致できるようにお膳立てをしているようなものだ。ＥＣの名誉のためにつけ加えるなら、ＥＣも最近この問題に気づいて抜け道をふさぐ方策を考えているところだ。

これらは構造上の欠陥だ。喧伝されている国内の高い人件費が最大の原因ではない。何らかの理由で誤った論拠に基づいて議論を進めてしまった。「ドイツはグローバルな競争で首位を保てる。賃金と社会保障にかける費用をぐんと削減すればいい」、こうした提案を持ち出す人がいるが、決して辿るべき途ではない。もし人に掛ける費用を削る方向に向かえば、間違いなく経済が犠牲になり繁栄が止まる。

中国の賃金レベルと対抗することなど、しょせん不可能だし、もし実行したら国の経済が致命的な影響を被ることは論を待たない。この国で働いているのに、消費者として自由に使える金がまったくない——そんな国など誰が望むだろう。

ＥＵが発するのサービス業に関する議論も、本末転倒な結論にたどり着きかねない端的な例だ。ただ現在は喜ばしいことに、ＥＣはもとの提案を修正して指示を公布している。この指示のコンセプトは、国を超えてサービスを提供する企業に、障害となる官僚的な手続きを取り除き、単一市場のコンセプトを推進することにある。草案の中で「原産国の原則」は非常に危険な部分である。これによれば、EU圏内の市民は圏内のどの国でも、「自分の国に適用される条件で」サービスを提供できる資格が認められている。サービスの監督も母国の当局に一任されていた。

こうして本質的には理にかなっているが、現実を見ていない政策に直面している。ヨーロッパが国境を越え、開かれた市場を必要とし、その一環として国境を越えたサービス産業があることは言うまでもない。しかし競争を刺激する努力の中に忘れてはならないことがある。市場には必要最小限の機会均等が保たれていなければならない。ところが現在はこれがまったく欠けているのである。

各国の前提条件はまるで異なっている。ヨーロッパの主要国の賃金・福祉水準は比較的高い代わりに、生活費も高い。東ヨーロッパの新加盟国の賃金と社会保障の水準は低く、社会の質的水準も完全には確立していない。この著しいアンバランスを見ても、サービス部門で公平な競争が成り立つ見込みは当面立たないのである。

典型的な例を見てみよう。ポーランドの企業がドライクリーニングのチェーン店をドイツの街シュトゥットガルトに展開するとしよう。ワルシャワやグダニスクからやってきた従業員は、ポーランドの平均的な賃金を受け取りながら、街の周辺にある家賃の安い家に住み、六か月ごとに入れ替わる。

この街に昔からあるクリーニング店は、この価格競争に巻き込まれ、どれほど持ちこたえられるだろうか。商売敵の従業員が入れ替わる六か月後には店を畳むしかないだろう。東ヨーロッパ諸国とドイツではコストがまるで違うのだ。どう見ればEUが発する指示が公平な競争を促進しているなどといえるのか。幸いにもこのばかげた方策は破棄され、現在では、サービスを提供する国の条件に従うことと定めている。

当初のアイデアが法令化されたりしたら、価格競争によって損害を被るのは街のクリーニング業だけではなく、ビジネスセクター全体が崩壊したことだろう。敗者側に回るのは必ず国内のサービス業者だ。国内の法律に従って操業するが、賃金水準は新興国並みというのでは、最初から勝つ見込みなどあろうはずがない。

政治家はブリュッセルの言いなりではいけないし、バターが食卓から姿を消すようなことがあってはならない（訳註：ブリュッセルにはEUの本部がある。EUによる「牛乳生産割当」という政治的な規制がネックとなり、牛乳の増産が自由にできず、二〇〇七年ドイツでは乳製品が大幅に値上がりした）。時々は抗議の声を上げ、いざという時はすぐさま思い切った行動に出るべきだ。なにも保護貿易主義に立ち返るべきだと言っているのではない。国内の企業も自由競争の恩恵を受けている。しかしルールが不公正なあまり、産業の一分野が存続の危機に瀕すのであれば、断固たる声明を発すべきだと感じている。少なくとも一定期間、輸入関税の実施を視野に入れた声明を発して、国内の利益を守るべきだと思う。

ＥＵには発展の段階がさまざまに異なる二五か国が加盟し（本稿執筆時）、関税障壁を撤廃したくらいでは追いつかない拡大ぶりである。ドイツの企業と従業員には来たるべきチャレンジに備える調整期間が必要だろう。そうしないと問題に対処する術もないまま圧倒されてしまうことになる。まもなく経済通貨同盟の加盟国が増え、ブルガリアやルーマニアの労働者が、繁栄しているＥＵ諸国の労働市場で、自分たちの場所をよこせと声高に要求してくる日が迫っている。

私はただ産業界の声を繰り返しているのではない。野放し政策の本当の犠牲者はドイツ人の働く男女だ。会社が破綻すれば彼らは職を失う。企業経営者とは違い、家族共々別の国にわたり、そこで新たな仕事を探すわけにはいかないのだ。

グローバリゼーションを語る時、一つ大切なことを見落としている。地球規模で事業を活発に展開している企業グループにとって、国内の生産拠点を閉鎖し、その一部を賃金の安い国に移転することはさほど難しいことではあるまい。ましてそれで気前よく税金が控除され、〝投資のための〟助成金が懐に入るのだ。

しかし当の工場で働く工員の意見は違う。組立ラインで働いて二〇年になる彼は、家族のために工場のそばの小さな家を買った。ローンの支払いがまだ残っている。工場閉鎖で苦しむものがいるとすれば彼だ。国内市場が安定して発展するために、外国から流入する安い労働力から国内の従業員を保護するのは、企業経営者の責務と私は確信している。

市民の前に立ちはだかるこの問題に、政治家もビジネスパーソンも一丸となって警戒態勢を敷くべきだ。ＥＵ会議に出席する政治家の提言には、国民の自信を鼓舞する意図もなければ、まして新しい開拓者精神を引き起こすような意図も一切認められない。しかし批判の一方で、私たちはまずは自分の身の回りを整理しなさいとの格言を忘れてはならない。

政治家にはいつも驚かされる。どの党も、私たちが直面する問題を理解しているばかりか、必ず答の用意がある。ある会合の酒席で、彼らは自分の党の政策を超え、最後は意見を一致させてお開きにするのだろう。しかし公の場では自分の所信を述べることはせず、刀の刃先を鳴らすだけの小競り合いと、問題の本質から注意をそらすことに終始する。

「取締役の報酬は年次報告書で公開されるべきか」――この手の政治討論で最近よく取り上げられる話題だ。ドイツ人なら、公開されれば俄然やる気を出すだろうと白熱した議論が交わされた。政治家は本気で法律で認められた私の権利を奪いきわめて個人的な情報を大衆に広めるつもりなのか、私は長い間確信が持てずにいた。

取締役一人一人の報酬が公開されるべきかは、タブロイド紙の『ビルト・ツァイトゥング』からビジネス誌の『マネジャー・マガジン』までジャーナリズムにとって一番の話題となった。今では法律化され、Ｄａｘ指数上場企業とグループの大半は、取締役各者の報酬を公開している。数年後には、最高経営責任者は別として、報酬はほぼ一線上に揃えられることになるだろう。能力や年齢に関係なく、企業の取締役は一律に、この社会主義的なものの考え方に従わざるを得なくなっていくと思われる。

私の報酬を知るべき唯一の第三者は監査役会だ。彼らは株主の利益、税務署、私の妻、そして私を保護するために知る義務がある。それではなぜこの政治討議にここまで熱が入ったのだろう。私は今になって理由がわかった気がする。これもまた本当に重要な問題から私たちの注意をそらす方策だったのだ。これまでの他の例とまったく同じやり口だ。国際舞台でドイツの競争力を強化する政策でないことは確かだ。

こうした些末な議論の陰に隠れ、軽くあしらわれてしまった議題がある。まずはドイツ連邦制度の改革の顛末だ。連邦制を今のまま放置するわけにいかないことは誰もが承知しているし、非公開の会議では改革を認める方向に向かっていた。二〇〇三年の改革委員会では九〇％まで合意に達したというのに、最後の最後になって若干の意見の食い違いが理由で、プロジェクトそのものがゴミ箱に放り込まれてしまった。これほど哀れな政府の大失策はなく、世論の沈滞ムードを一層悪化させるよう仕組まれたシナリオも他にない。

ドイツの大連立政権の名誉のためにいうと、この議題は再度協議事項として取り上げられ、ある種の妥協策が実現した。望んでいた実効性のある改革でなかったのは残念だが。これなど政治の意志決定の過程が、非常に不明瞭で困難であること（とりわけ大連立政権内部で意見調整が必要な場合）を示す典型的な例である。そもそも改革の核心は地方自治体が一定の可決権を明け渡し、さらなる責任を負うことだったが、この点も明確な定義はまったくないようだ。

政治家は口を開けば、教育政策の責任はどこにあるのかといった論議を始める。しかし財務政策について質問されると口を閉ざしてしまう。たしかにもつれた問題ではある。歳入を再分配する明解なやり方が決まっていない。例えば連邦政府と州自治体に均等な配分をする、複雑で非生産的な手続きをほぐす試みがない。連邦制度の改革は早急に求められているにもかかわらず、いまだ不十分な状態に留まっている。

なぜこうなってしまったのか、何も説明はない。連邦議会と連邦参議院は大部分の政策で相容れないため、連邦政府と野党の機能が麻痺している。これが一つの大きな要素だろう。大連立政権が出現して、この障害を除く足がかりができたとはいえ、歴史が示すように、連立は通常の行政機構の姿ではない。それに中央と地方、そして地方どうしの間で利害が対立することがしばしばある。発足して一年が経つ〝大連立〟政権だが、その業績たるや目を覆わんばかりだ。悪名高い「最大公約数」的ポリシー以上のものは望むべくもない。

連邦参議院はドイツの政治決議が下される公開討論場と姿を変え、予想通り、労多くして功少なしの状況を呈している。参議院がやっていることといえば、たまたま野党側になった各党を袋小路に追い込んで議事を停滞させるか、可決を待つ多数の法案に口を挟むチャンスを、各州に順番に与えているかのどちらかだ。連邦政府が国全体に大きな政治的影響をもたらす法律を導入しようとしても、参議院が拒否権をかざして待ちかまえている。

コールが首相を務め、野党党首をラフォンテーヌが務めた一九九八年までも、一九九八年の総選挙でドイツ社会民主党と緑の党による連立政権が誕生した時も、何も変わりはしなかった。そして現在も、連邦制の改革では意見が一致しているものの、連邦参議院の勢力均衡は変わらないから、各州政府は同じ待遇を得るものと思われる。結果は完全な足踏み状態だ。連邦参議院で否決された後には、時間のかかる交渉が続き、結局妥協案に落ち着く。おなじみの「最大公約数」に後戻りというわけだ。

こうした政治機構は何も解決しない国の問題だと、批評家が糾弾してすでに久しい。今や中央政府の政策決定に、地方が絶えず干渉すること自体が重大な政治問題であり、長年の不満の種となっている改革案が、問題未処理のまま山積されている最大の原因である。

我が国の連邦制度は、効率の高い判断を下し、実行する政治機構を阻害している。そもそも連邦制度は政治権力の悪用をほぼ不可能にすることを目的にしており、確かに第二次世界大戦直後には国民も必要性を感じていた制度だったが、今では別の問題が深刻化している。二院制を採る議会で、片方が可決した法案をことごとくもう片方が否決する。これでは国が安定して治まらない。

中央政府と連邦の間に引かれていた任務の区分けは消えてしまったのか。誰のせいでこうなったのだろう。これは予想以上に答を見つけるのが難しい質問だ。大連立政権による連邦制度の改革がようやく軌道に乗った今、答を見つけるのは一層難しくなった。

実体は計算された言葉のやりとりに過ぎないものに、「政治的手続」と高尚な名前を付け、そのせいで明解で良識のある判断が下せなくなっている。ますます変化のスピードが速くなり、素早い反応が求められるこの世界で、判断が下るまでの時間がかかりすぎる元凶になっている。

これからも状況が良くなる兆しは見えない。政治的判断は相変わらず遅々として進まず、国民には政治の世界が理解できない状況が続きそうだ。最近の例でも、二〇〇五年に施行された新移民法は最悪だ。各党はこの問題に四年も費やし、五つの委員会が一連の草案作りに格闘したすえ、連邦参議院は三度も投票してようやく決着にこぎ着けた。

あの時は、外からは政府も野党も何をやりたいのかわからなかった。今となっては勇ましく論陣を張った政治家自身も、記録を見なければ、結局どれが立法化されたのかわかるまい。

政治的なトピックは、どれをとってもドイツの政治機構が危機的状況であると示している。税制改革、社会保障、官僚主義、労働市場における不正行為の防止、EUによる指導の履行。何か月も、何年も費やさないと、可決した法案が現実の法律として日の目を見ない。

連邦制度には政治決定を効率よく下すための立て直しが必要だ。そうすれば未処理の改革草案にも着手できる。いっそ多数決制を導入するか、連邦参議院が国の立法に干渉する行為を禁ずるべきだ。事実、都市議会には州法に干渉する特権は認められていない。そもそも連邦議会議員とは国の有権者全員が選んだ代議士なのだ。

本当の意味での解決策は目の前にある。中央政府には、議事進行に適切な権限を認められるべきだ。そうすれば政治的な難題が新たに生じたり、国の未来の利益を保護するのに早急な対応が必要な時、迅速かつ系統だった解決策を講ずることができる。民主主義の原則に則り、政府が案出した法案に、議員の過半数が賛成票を投じれば、もはや州の同意は必要ないのが本来あるべき姿である。

州の間にはもっと競争があるべきだ。おのおのの州には、教育、課税、労働市場などについて独自の路線を歩む能力が求められる。こうした競争を行うには財政状況が明解になっていること、責任の所在をはっきり割り当てることが前提条件になる。財政を平等に分配する手続きは、可能な限り最小限に抑えるべきだ。その結果、州の本当の実力者は当地のメリットを十分に活かした計画をまとめることができる。

州の数も減らすべきだ。専門家がこれまで提出した意見も同じ結論に達しており、今や行動を起こす時である。州が政治的に独立した大きな単位となれば、利点になる。一九五二年に、当時かなりの反対を乗り切って、三つを一つの州にまとめたバーデン＝ヴュルテンベルク州は今日、模範的な発展を遂げている。

州を実効の出る規模に拡大しようではないか。それに関連づけて、任務と責任範囲を明確に分担し、意志決定のシステムを構築しよう。連邦制度とそれに伴う非効率的な意志決定のプロセスを、時代遅れと見なす向きもあるようだが、私はその意見には与しない。連邦制度そのものは未来で待っているチャンスを利用する最も有効な構造だと思うからだ。

私は企業経営者の立場からそう考えている。経営者にとって、競争こそさらなる繁栄に結びつく最良のプロセスだからだ。改革が行われ、それぞれがほぼ同等の実力を有し、州の数を一〇前後まで減らせば、最高の経済実績、最良の生活環境、最高の雇用率を巡って州が競争する最も適した環境になる。

競争が進歩の原動力であることは、経済だけでなく政治の世界にもあてはまる。連邦議会にせよ州議会にせよ、野党は政府の政策を批判的な目で常にモニターするべきだ。民主主義は建設的な議論の上に発達するものだ。政府の提案を考えもせずに拒絶するような、原理主義的な態度は最も大きな障害となる。

反対の状況も真なりだ。野党からの優れた提案を採択し、実行に移すことが、政府にとって大変なのはなぜか。答はみんながお見通しだ。政党は選挙が近づくと〝イメージ〟に取り憑かれる。あいにく有権者は大げさな芝居にはうんざりしている。近年の選挙投票率の落ち込みが何よりの証拠である。

この無気力を克服し、競争熾烈な国際社会で見通しをよくし、世界で自らの状況を前向きに考える方法は、経済面でこの国が従来から持っていた強みを活かして、市場性のある商品を作ることだ。しかも従来以上に迅速に進めることだ。将来有望なアイデアをもって国民が自らビジネスを立ち上げ、市場で奮起するチャンスを提供するのも、私たち企業経営者の役割である。

国民にやる気があっても、動きが緩慢で仕事を増やすばかりの政治機構と、それと一体の重層的な官僚主義がじゃまして前に進めないことがよくある。今日ドイツの企業は八万五〇〇〇の条項を含む五〇〇〇の法律・法規に縛られている。驚くべき数字だ。役所を満足させるにはこれでも足りないとばかりに、企業が記載すべき統計調査用紙は二三〇通ある。ケルンにあるドイツ・ビジネス研究所の調査によると、官僚主義ゆえにドイツの商工業界が支払うコストは年間四六〇億ユーロに達するという。[9]

老子は二〇〇〇年も前に、「天下多忌諱　而民彌貧」天下に禁令が多いほど、民は貧しくなる（道徳経第五七章）と言っている。私たちドイツ国民は〝貧困〟に関しては二大タイトルホルダーだ。一つは発想の貧困、もう一つは資産の貧困である。

ドイツで新規事業を立ち上げ、五～一〇人程度の従業員を雇ったならば、すぐに形式優先主義的な手続を思い知ることになる。役所の窓口から窓口へ行ったり来たりして、十通あまりの書式に記入して、ようやく待ちこがれた許可証が手に入るのだ。政府がこの官僚主義を緩和する姿勢を打ち出したことは歓迎したい。しかし、またぬか喜びに終わるかもしれない。これまでの経験では、政治討議が自然な経過を辿るころには、優れた決議案の大半は棚上げされるか、忘れ去られてしまった。

ＧｍｂＨ、つまり株式非公開の有限責任会社をドイツで設立するには、平均四五日かかる。この点オーストラリアやカナダは素晴らしい。ドイツのＧｍｂＨに相当する企業の登記に必要な申請用紙は、二通に過ぎない。手続きも通常なら二日ないし三日で完了する。アメリカはこれより一日余計にかかるだけ、オランダは一一日、イギリスは一八日である。[10]

新規事業を立ち上げようとする、やる気に満ちた人なら、こんな苦労はものともしないだろうが、若い彼らのために手続きを簡略化するのは、親切な行為というものだろう。

ここでも誤解のないように次のことを申し添えておきたい。ドイツ特有の細部にまで注意を払うやり方には良い点もあり、誇りとするに足る美徳だと思う。ただし法律や法規が国民を打ち据える道具として使われるとすれば、悪い面が浮き彫りになる。だからといって開拓時代のアメリカ西部のようなやり方では、弱者が脇に押しのけられるだけだ。必要なのは、明確に規定されたルールであって、しかも立法府が施行することが求められる。これなしには社会はまったく機能しなくなってしまうだろう。

ルールは必要だが、かつての首相でドイツ社会民主党党首を務めたヴィリー・ブラントの名言も忘れてはなるまい。首相官邸で奮闘した現役時代から退いたころの言葉である。「世界を変えるのは、人間の自由を求める気持ちであって、平等を求める気持ちではない」

仮にもし閣僚全員に、毎年すべての法律・法規の中から五％を抽出して改訂するよう義務づけたらなら、前向きな信号が国民に送られてくるだろう。「政治家は形式優先の手続きを減らすと公約しただけではありません。実行しています」と。

私の考えの核心は「模範を示す」という一言に集約される。国民が自信を取り戻し、新たなスタートを切るムードに盛り上げることを目標に、政治家は正しい討論を重ね、正しい判断を下すことを求められている。

私が特に緊急を要すると思う変革六項目を要望のかたちで掲げる。政治家諸氏から反応があると信じている。

一、国民に現状を説明し、これからの見通しを明確な言葉で述べる。沈み込んだ風潮を助長するのではなく新たな使命感を創成する。

二、ドイツの連邦構造を徹底的に改革する作業に着手し、政治的判断が迅速に下され、責任の所在が明確に示される体制を作る。同改革によって州の数を削減する。

三、助成金の廃止。今のままでは、きわめて不活発な産業にのみ利益を供与し、廃業寸前の産業の延命策にしかならないばかりか、国民が将来有望な新規市場を開拓し、新たな社会構造を取り入れる障害となるだけだ。

四、教育と研究・開発の分野を促進する。そうすればこの国の独自の強みを遺憾なく発揮して国際間の競争で成功する最良の見通しが開ける。

五、EU本部に働きかけ、EUの定める競争規定により、ドイツと広くヨーロッパの企業と従業員に公平なチャンスが与えられるように目を光らせること。

六、官僚的手続きの低減に、断固たる決意をもって取り組むこと。そうすればビジネスを成功させるのは自分の責任だと国民が自覚することになる。

第六章

一例としてのポルシェ

未来はスキルを持った者の手にある

つい苛立ちを感じる瞬間が人生にはあるものだ。この人たちの言っていることがどうしても頭に入らない。同じことを繰り返し聞かされ、頭の中のコンピューターには言葉が記録されても、目で見て耳で聞いていながら、そんなことはあり得ないと意識が受け入れない。それがどんな気持ちかよくわかる。しかし今回の苛立ちの原因は、他ならぬこの私たちが作っていた。「ポルシェ、フォルクスワーゲンの経営に参画」というニュースが突然公表され、センセーションを巻き起こしたのだ。

ポルシェがフォルクスワーゲン株式会社（VW）の筆頭株主になる意向を示した——大半の人はその事実を受け止めることができないようだった。予想はしていたので、私たちも拍手喝采で迎えられるとは思っていなかった。どうやら世間には理解しがたいニュースだったようで、私たちの発表がもたらしたインパクトが、十分聞き手の心に染みこむのにしばらく時間を要した。遅かれ早かれ自動車産業界の巨人がポルシェを買収するだろうという見方が大方だったのに、その逆の事実が起こるなど、誰も考えてはいなかったようだ。

〝コーポレートガバナンス〟を標榜する経済界の守護神たちは、一斉に人差し指を立てて警戒しろという合図を送った。金融ジャーナリストはこの経営参画がもたらす、チャンスではなくリスクに集中して書き立て、小さな地方都市ツッフェンハウゼンの小さな企業は何を考えているのかと問いかけた。その小さな企業の株主とその代表は不安げに、こんなことをして意味があるのかと尋ねてきた。長年にわたって、ポルシェはこれからも自社の存在を保護するために、資産の増強を図る必要があると力説してきたのに、他社の株式取得に何十億ユーロも投資するとはどういうわけだ。北ドイツの業界の巨人、VWと結びつくとは、つまり独立会社としてのポリシーを捨ててしまったのかと。

これらはうわべを取り繕った質問に過ぎない。オピニオンリーダーの大勢（有能だが中には自ら買って出て意見を表明する者もいた）は、二〇〇五年秋のあの日、私たちが自分自身に対してだけでなく、広く資本家全般に途方もない損害を及ぼした、と勝手に思いこんだ。非難の声が高まった。ポルシェは美徳の途を踏み外した。さらに悪いことにポルシェはうぬぼれのあまり、長い間苦労を重ねて手に入れた成功を一挙に放棄してしまったと。ニュース解説者は、ポルシェの真意が何かを求めて、熱心にお門違いの調査したあげく、みな同じ結論に行き着いた――ポルシェは明らかに間違っている。

私たちの犯した過ちとは何だったのだろう。世界でもっとも小さな独立自動車メーカー、ポルシェがずうずうしくもヨーロッパ最大の自動車生産グループ、VWの筆頭株主になるとは主客転倒もはなはだしい。起こり得ないことだと宣告されてしまった。

純経営理論の専門家は、ダビデがゴリアーテを倒すように、ビジネス界で中小企業にも生き残る権利があることを認めているが、そんな段階を遙かに超えていた。私たちのような弱小企業は、割り振られた市場の隙間に、人目を引かないように引っ込んでいるのが分相応というのに、なんと巨人たちの食卓に着き、今まさに食事にありつこうとしているのだ。そればかりか買収した企業と協力して、積極的に未来を築いて行こうなどと提案している。グローバル化した産業界で通常期待される行動パターンとはかけ離れた姿勢である。

しかし、こうした姿勢はポルシェが長い間、とりわけ私が最高経営責任者に就いて以降従ってきた原則から少しも外れてはいないのである。ポルシェの組織変革の第一段階が始まった一九九〇年代から、私たちは基本原則を連綿と守って今日にいたっている。何が欲しいかを明言し、やると言ったことを実行し、よく踏みならされた道ではなく独自の途を歩む勇気を持ってきた。フェルディナント・ポルシェが采配を振るった初期の頃から今日まで、ポルシェの歴史を知る者にとっては今回の動きは決して驚くには当たらない。後ほど数ページを費やして、ポルシェ発展の節目を今一度振り返ってみようと思う。全体像を見れば、あの日批判した人たちも、私たちを動かしたものが何だったのか、理解してもらえるかもしれない。

私たちの動きに最も困惑したのは投資家たちで、彼らは次のようにあげつらった。ポルシェは株主に支払うべき配当金を増やすのではなく、流動性資産を浪費している。ポルシェ株をすぐさま売り銘柄に転換したドイツ銀行の専門家はこう語っている。「ポルシェの株主がキャッシュを目にするチャンスは早晩なくなるだろう」[1]。同行のアナリストを務めるモルガン・スタンレーは報告書の中で、そもそもポルシェには今回の出資が不発に終わった場合、その損失を株主に補償する意志があるのかと疑問を投げかけた。「ポルシェの真意がどこにあるのか皆目見当がつかない」[2]

途方に暮れるあまり、次のようにコメントしたジャーナリストもいる。「将来の不景気に備えて資本を蓄えることがポルシェの重要な原則だった。今回の動きによりこのポリシーは根底から覆ったと思える」[3]。ある評論家グループは私たちの決断を伝統的な〝ドイツ株式会社〟構造への回帰と見なした。投資銀行のバンクハウス・メッツラーは「いかにもドイツ流の解決方法のように見える」[4]。ロンドンに本拠を置くある金融投資家は次のような見解を示した。「ドイツ商業界がこうした解決策を容認するとは、まったくもって信じがたい」[5]

おびただしい量の批判記事を流したのは、おおむねアメリカとイギリスのメディアで、ドイツのメディアも当然とはいえ、この流れに便乗した。ドイツの日曜新聞『ヴェルト・アム・ゾンターク』もポルシェの動きを〝ドイツ株式会社〟の復活と見なした。『フランクフルター・アルゲマイネ・ツァイトゥング』紙は「自動車メーカーによる連合形成を駆り立てる動き」だと批判し、裏づけとしてロンドンの『フィナンシャル・タイムズ』による次の記事を引用した。「イギリスが自動車メーカー連合を作ろうと試みて、一九七〇年代に生まれたのがブリティッシュ・レイランドだった。これをもってイギリスの自動車産業は終焉を迎えたのである」[6]

アメリカの投資銀行、ＪＰモルガンはＶＷ株を買う金があるなら、自社工場を建設した方が賢明だったと私たちに数字で示す必要を感じたようだ。そのほうが四〇%も安くつくとの主張だった。私が信じられない思いで目をこすり始めたのはこの辺りからだ。

ＪＰモルガンに言われるまでもない。私たちがその気になれば自社専用の工場を二棟でも三棟でも建てることは簡単にできる。何ならフィンランドで車両を組み立てるのも、ＶＷからカイエンのホワイトボディを購入するのも止められる。当然ながらそうした選択肢も考慮した。そのうえでＶＷの株式を買い取る決定を下したのだ。したがって私にはＪＰモルガンの計算は正しくないと言う資格があると思う。これら自称エクスパートの言いなりになっていたら、私たちは高い固定間接費を払うはめになる。余剰生産能力は需要停滞期には首を締め、次から次へと余計な問題を生むことになるのだ。

数字をむやみに並べ立てても、誤った方向に導く要素が増えるばかりだ。しかもこういう机上の計算は経済の実態とは関連がない。ＪＰモルガンの批判はそのことを証明したに過ぎない。私たちは連中の〝専門知識〟などなくてもやっていける。

他では私たちの重要な取り組みをこう称した。「ドイツでは昔流の資本主義がまだ元気でやっていることの証拠だ。それを見せつけられてはこちらが憂鬱になる」

それには「今日生きていることに感謝の祈りを捧げなくては」としか、返す言葉は見つからない。批評家の理屈からすると、ポルシェはそもそも存在してはいけない企業となる。

ポルシェに生き残りのチャンスはないと、私たち自身と、だまされやすい大衆に向かって、数年前に言ったのは金融界の専門家だった。今でも彼らの言い分をよく覚えている。いわく、私たちは適正に市場に浸透するのに必要な最小限の規模を割っている。新製品の開発に耐え得る強靭な財政基盤に欠けており、必要な経営幹部も揃っていない。はっきり言えば、厳しい現代の競争という巨大な水槽の中で、鮫の餌食になる小魚、それがポルシェである、と。

しばしば「ポルシェ」と「経営参画」の二つの言葉はペアで使われたが、必ず大が小を丸呑みするという方向で使われた。競合他社、銀行、ジャーナリストの多くは私たちが独立企業としてやっていけるのか、常に疑いを抱いていたし、企業合併マシンの車輪がゆっくりと、しかし容赦なく進むにつれて、私たちはその下で押しつぶされるだろうと予測されていた。

ところが今何が起こっているのだろう。ネズミが雄叫びを上げ、周りの連中がパニックに駆られて悲鳴を上げている。岐路に立たされた私たちの邪魔だてをしようとした連中や、金融界の歩兵であるオブザーバーたちだ。前の章でも紹介したとおり、彼らのビジネスに対する取り組み方は、私たちと同じではない。彼らは借りた金を使って企業を乗っ取り、新たな負債を負わせ、臆面もなく儲けを乗せて短期間のうちに放出する。連中に食い物みされるまではしっかりした基盤に立っていた黒字経営の企業が、自分には何の責任もない負債を山のように押しつけられて苦境に陥る例は枚挙にいとまがない。悪名高いやり口の犠牲者が出ないなら、肩をすくめてやり過ごすこともできるのかもしれないが。

私はこうした慣行に注意すべきだと呼びかけはするが、投資機関のやり方を禁止すべきだとは思わない。望ましいとは限らないが、道理にかなうケースもあるからだ。しかしポルシェが取り入れるべき模範ではない。私たちにとって、ある企業の経営に参画する意味は、これとはまったく異なる。

まず最初に、今回の動きについてその根本にあるポリシーを明言したい。国内の雇用状態を改善するべく、私たちが努力してきたことは周知の事実だ。私は自分が生まれた国に誠実でありたいと思っている。時として他の国が〝ドイツ的〟と呼ぶ解決策を提出することがあっても、国の問題を国内で解決できるなら結構なことだと思う。同じ取引が、ただ国際間だという理由で、国内の取引より優れているわけはない。国がうまく機能し、国内のリソースから力を得ているのであれば、国民から不満が出るはずはない。私たちの動きを政治家がきわめて前向きに受け止めたのはこうした理由からだ。ＶＷへの経営参画を発表して間もなく、私はアジア諸国を訪れたのだが、そこでも〝ドイツ的解決法〟を批判する声は聞こえてこなかった。

結局、ＶＷへの経営参画を批判する理由は一点に集約できる。批判派は、金の使い方を知らないと言いたいのだ。金融投資家は本当に大きな取引を成立させる秘訣を知っているのは自分たちだけだと思っている。そこに私たちが現れて、彼らの楽しみを台無しにしてしまったのである。

私たちもリスクはわきまえている。しかし同時に、自分の意志決定力と能力にも自信を持っている。ＶＷの経営参画を発表してわずか数か月後の二〇〇六年一月、商工業界の企業経営者二五〇〇名が恒例の『マネジャー・マガジン』誌主催の投票に参加し、ドイツでもっともイメージのよい企業に、二位に記録破りの大差をつけてポルシェを選んだ。金融界とそこに群がるジャーナリストが私たちを見る目と、ビジネス界の意見との間に、実に深い溝が横たわっていることを、この栄誉ある賞が端的に示している。

それからわずか数日後、まだ月の改まらない二〇〇六年一月某日、私は年次株主総会席上で、苦労して稼いだお金の中から、三五億ユーロをＶＷに投資した理由と、これが未来を開く投資である理由を説明する機会を得た。言うまでもないが、私たちがこの経営参画を実行したのは、アナリストや金融投資家を困惑させるのが目的ではない。ビジネスの理論に適った正しい判断だから実行に移した。説明を終えると、満場の拍手がわき起こった。受賞についてだけではなく、ＶＷに関する決定に対しての拍手だった。

ポルシェの株主は、勇気ある決定と受け入れてくれた。そして、世間の注目を集めた発表があった直後から会社の株価が上がったことで、株主の裁定が正しかったことが実証された。こうして、勇気をもって最初の一歩を踏み出せる支持を得た。誰も予想していなかったことだが、後にその理論は正しかったと誰もが納得することになる。

口を開けば「あそこはもう終わりだ」と言い続ける、いわゆる専門家の意見などより、私たちが試練の時期を切り抜けようともがいていた時期にも、ずっと持ち株を手放さずに、長年ポルシェを支え続けてくれた株主こそ、私にとってははるかに大きな意味がある。

近年、私たちは大きく実績を伸ばし、資金を扱う術をわきまえた企業であると立証し、株主と従業員は実績が伸びるたびに利益を得た。他社と違い、収益を厳しく管理してきたこともよい結果を生み、年を重ねるごとに力をつけていった。競合他社は私たちのような財政状態になれたらいいのにと、ただ指をくわえて見ているだけである。VWへの経営参画はポルシェの目覚ましい伸張があって、初めて可能になったのだ。

私たちは誇りを持って収支決算書を世界中に示すことができる。ポルシェは企業理論ではなく感傷からVWの経営参画に乗り出したと、一部の批評家は主張したようだが、私たちには資金を運用してさらに増やす能力があることを収支決算書は立証した。私たちは同時に、自動車ビジネスは蜜の壺でないことも知っている。労使一体となって働いて得た果実は、どれも激しい競争のすえ勝ち取ったものばかりだ。ライバル企業のバランスシートを一目見ればわかる。高級自動車メーカーとして居並ぶ名前の多くが、ひどい赤字経営に陥っている。私たちがこれまでやってきたことは間違っていなかった。そのことが広く世の中に認知されていけないない理由はないであろう。

次の質問に移ろう。VWの筆頭株主になった裏にはどんな商業上の理論があったのだろうか。私たちの最新プロモーションビデオ『Na denn』ではこの辺りを説明しているのだが、何といってもエンタテイメントをねらったビデオだから、やや表現が間接的かもしれない。どれほど説得しようとしても、私たちの合理的な論拠に聞く耳を持たない向きには、いっそVWのセールスローガンをお薦めする。「なぜなら、私たちはクルマが好きだから」

私たちにはそう主張する資格があるだろうか。もしないとするなら、誰にあるだろう。ライバルメーカーか、アラブの首長か、投資銀行か、年金基金か、ヘッジファンドか。どれもVWの利害とは結びつかないし、そもそも乗用車産業の利害と結びつかない。

私たちがVWの経営に参画する目的は金融投資家の目論見とは違う。私たちはクルマの生産販売について経験を積み、効率よく仕事を運ぶノウハウも持っている。そしてVWが独立性を保ち、世界を相手にした競争で成功を収めるために力を貸したいと考えている。VWと協力することで双方にメリットと利益をもたらしたいのである。

短期ではなく、長期的な成功が目標の企業である私たちにとって、今回の投資は未来へのビジョンに他ならない。次の四半期で高い配当金を素早く手に入れる手段でも、手っ取り早く売り上げを伸ばして株価を押し上げる手段でもない。

過去一〇年間、折に触れてポルシェのビジネスモデルがきわめて利益率が高いことを示してきたが、これからもこのビジネスモデルを継続して行く。そうすれば十分な利益を上げて、将来の成長に必要な資金に、社外から調達せず充てられる。ＶＷ株を所有することがこの点で重要な役割を果たすことになる。長期的にはこの協力体制がなければ、ビジネスモデルが危険にさらされることになるだろう。

私たちが独立性を保っていけるのか、懐疑的なオブザーバーがいるようだが、安心してもらいたい。放棄する気がないどころか、断固として守っていくつもりだ。今回の投資は私たちの側から見ると独立性を保護する一助になる。一定の利益率を保ち、計画に従って業務を遂行するには、必要な資金を社内の原資から調達することが前提条件になる。したがって成功しているビジネスモデルを将来にわたって維持することは、ポルシェが世間に向けて必ず達成すると公言した目標に他ならない。

ポルシェシステムで非常に重要な特徴は、バーティカル・インテグレーションと呼ばれる低い内製率である。数値は現在二〇％を下回っており、世界の自動車メーカーでももっとも低い。これで間接費が相対的に低く抑えられる。しかしこれを成立させるには、優秀なサプライヤーとのきわめて柔軟な関係が求められ、「外に延びたワークベンチ」というポリシーを突き詰めて初めて可能となる。私たちはフィンランドのヴァルメットと、ＶＷとの間でこの関係を構築した。

ポルシェでは車両開発、エンジンの組立、スポーツカー用ホワイトボディの製作・塗装、クオリティ・アシュアランス、高度に特化した車両の販売など、核になる専門分野に力を集中している。「外に延びたワークベンチ」と自社工場の間に構築した生産協力体制をうまく管理する方法は、長年の間に会得した。

このように業務を振り分ける手法は、私たちの強みの一つになっている。今後は協力関係をさらに広い分野で発展させるつもりだ。ＶＷは生産協力会社として重要なだけでなく、技術面でも意義深いパートナーなのである。私たちが経営参画を決めた「企業論理」とは、相互にメリットのあるテクノロジーを開発・共用できる基盤を作ることにある。

例えば電装品のプリント基板を共通パーツにすると、ＶＷ、ポルシェ双方に同じだけのメリットがある。ハイブリッド・システムでも協力しており、まもなくトゥアレグとカイエンで登場する。ポルシェとの協力でＶＷはトゥアレグの開発費を三分の一に削減することができた。これだけのコスト削減がなければ、採算の取れるプロジェクトにはならなかっただろう。つまり協力体制を敷くことは両社に利益をもたらすのだ。

この種の協力体制は、片方が片方の株式を取得しなくても可能だという声は私の耳にも届いている。その通りだ。ただしもしＶＷ法（持ち株比率にかかわらず単一の株主による決議行使権に制限を加える）が廃止にでもなれば、ＶＷは投資家による敵対的買収の格好の標的になってしまう。投資家が介入したら、私たち二社による技術協力体制は続けられなくなる。ポルシェが経営参画するまでそういう危険性が現実に存在した。二〇〇五年秋の株式市場を見ると、VW株を大量に買い占めようと意図するものは、私たちだけではなかったことがわかる。中には私たちが妥当と考える株価より高値で買い取ろうとするところもあった。

どんなかたちにせよ、VWグループが分裂したら取り返しのつかないことになる。私たちにとっては最悪の状況だ。だからポルシェの企業戦略として、手の打ちようのない状況が現出する前にこれを阻まざるを得なかった。別の言い方をすれば、VW株式を保有しない限り、ポルシェ自身の生き残りが危うくなる。選択肢はない。動き出すしかなかったのだ。

まず二社間の将来的な協力体制を定める基本合意書を取り交わして、既得権を囲い込んだ。これで両社は時間を無駄にすることなく共同プロジェクトに取り組める。個々の契約を取り結ぶ一方で、技術的・商業的分野に力を傾注できるようになった。

よく知られるように、ポルシェはこれまでずっと研究・開発、調達、製造の各工程を共同プロジェクト化することで利益を受けてきたが、この事実は今も変わりない。現在数億ユーロに達する額を投資しており、中期的展望では、そこから年間の利益を上乗せできるだろう。テクノロジーと開発の分野こそ、最大のシナジー効果が期待できる。

製造コストも大幅に削減できるだろう。例えば、原材料や加工用材料を二社分まとめて購入する。コンポーネントとモジュールを共有して、原材料コストを削減する。二社別々に運んでいた貨物を一台のトラックに集約し、倉庫を融通し合ってロジスティックスコストを削減する。金融サービスやITの分野でも合理化の余地があると考えている。

このリストを見ただけでも、VWとポルシェの密接な協力により、実質的な利益を挙げられることがわかるだろう。しかし私たちのビジネスモデルはあくまでも既存の生産施設を継続して使うことが基本だ。自動車産業界は余剰生産能力を抱えて苦しんでおり、経営管理の観点からもマクロ経済の観点からも、自社工場を増設することは賢明ではない。二社の相互利益を考えれば、フル稼働していない生産施設を利用することになる。VWのハノーファー工場内のプレス工場と塗装ショップには余剰能力があるのだから、ポルシェの工場に同じ施設を建て増すのは、良識も責任もない判断というものだろう。余剰能力を利用すれば私たちの間接費が削減でき、VWは稼働率が上がり、利益を得ることは言うまでもない。次のニューモデル、パナメーラはまさにこの方法で生産する。

このビジネスモデルがあるからこそ、私たちは新たな雇用の機会を創出し、高いレベルの配当金、賃金、ボーナスを支払うことが可能となり、社会への義務を果たすことができる。工場・社屋を置く各拠点でポルシェは最大の納税者である。

今述べたことは、どれもビジネスの営みとして当たり前のことばかりだ。世論調査でもドイツ人の大半が企業に期待していることだし、おそらくどの国の国民も同じだろう。それでもこういう判断を下すには勇気が要るものだ。私は自画自賛したいのではない。何にも増して、株主へ賛辞を送りたくて言っているのだ。これからも困難な時はやって来る。必ずしも成功が予測される時ばかりではない。そんな時もどうか株を手放さないで欲しいと、私たちは株主にお願いしている。こうした局面に立たされた株主にも勇気が求められる。会社経営陣の言葉を信じるしかないからだ。

株主がゴーサインを送ってきたのなら、取締役は信任票と受け止め、踏みならされた道から外れて新たな途を模索し、敢然と前に進むべきだ。ミスを犯してしまうかもしれないが、それればかり考えていると目の前に延びる正しい途も見えなくなってしまう。言い訳ばかりに気を取られていては、足元に落ちている紙幣を跨いで、それすら気づかずにいることになる。勇気ある企業とは、他とは違う何か、誰も思いつかない何かを探す企業をいう。だからこそ成功に値するのだ。ポルシェのモットーは「違いこそ企業力」である。

この金言は、ＶＷの筆頭株主になると決めた時だけではなく、創業時から連綿と引き継がれてきた。先の二〇〇二年にカイエンを発表した時も、決して順風満帆ではなかった。カイエンは従来の意味のスポーツカーとは呼べないモデルだ。やはり私たちは批判の渦中に放り込まれた。「ブランドイメージを弱体化するだけ」「企業として成功するチャンスをみすみす捨てている」などの批判を受けた。むろん、ポルシェが作ったスポーツオフロードカーが失敗に終わるようなことがあれば、市場から強烈なしっぺ返しを食うことはわかっていた。しかし、あらゆる批判を乗り越える準備はできていた。「生きるべきか死ぬべきか」の問題を徹底的に検討するのが、私たちのやり方だからだ。外から見ているだけの批判者にはわからないかもしれないが、行動を起こす前に徹底的に吟味するのは、ポルシェ創業当時からの経営ポリシーなのである。

フェルディナント・ポルシェが自身の会社「Dr・Ing・h・c・F・ポルシェGmbH エンジンおよび車両設計コンサルタント」を創業した一九三一年にも、大いなる勇気が必要だった。当時のドイツには六〇〇万人を超える失業者が溢れており、近い将来状況が上向くとは誰も思っていなかった。新規ビジネスを立ち上げるには、決して良いタイミングではなかったし、まして同社が一九三四年に発表した〝国民車〟に興味を持ってくれる顧客を捜すのは難しい時期だった。

時の政権がウォルフスブルクに専用工場を建て、〝国民車〟の製造を決定すると、フェルディナント・ポルシェは自動車の現代的な生産方法を学ぶため、アメリカのデトロイトを訪れた。大量生産方式を採用した、最先端を行くヘンリー・フォードの工場を視察した。一年後の一九三七年、フェルディナントは息子フェリーを伴って二度目のアメリカ行きを果たしている。

ポルシェ一族には、未開の分野に分け入り、新しいものを発明する才があった。その才能こそ今日にいたるポルシェの礎である。独自の途を開拓するポルシェの特質は、ポルシェの社名を初めて冠したモデル、３５６に色濃く表れている。エンジンを始め、ＶＷビートルのコンポーネントを使った３５６は、フェリー・ポルシェが設計の指揮を執った作品である。第二次世界大戦で崩壊した建物の瓦礫がそこここに残る一九四八年、フェリーは、豪華なスポーツカーの製造という野心的なプロジェクトを立ち上げた。オーストリアはカリンシアの、かつて製材所があった敷地に立つ納屋が最初の工場になった。ポルシェは当時の様子を皮肉を込めて、フェーライニヒテ・ヒュッテンヴェルケ、「掘立て小屋ファクトリー連合」と呼んだものだ。最初の二年に作られた３５６はわずか五三台、すべて手作りだった。ポルシェが本拠地のシュトゥットガルトに戻った一九五〇年を挟み、一九六五年までに累計七万八〇〇〇台の３５６がラインを後にした。ささやかに誕生したが、長期にわたって連綿と作られたスポーツカーとなった。

３５６は戦後ドイツ復興、そして〝奇跡の経済復興〟の始まりの象徴だ。３５６はドイツ国民の新たな誇りと自信を表していた。困窮に打ちひしがれることを断固として拒んだ人々が作ったクルマであり、会社を創設したポルシェ一族の勇気を証明するクルマである。彼らは困難な時代にあって先を読み、前人未踏の途を模索して型破りなアイデアを生み出したのだ。
今や生ける伝説となった911が初めて登場したときには、このポリシーが一層鮮明に映し出された。生まれて四〇年になる911は自動車の歴史に自ら一章を書き加え、さらに進化しつつある。発表されてすぐに、911のエンジニアチームは大成功を収めることになるのだが、とりわけフェリーの息子フェルディナント・アレグザンダー・ポルシェの功績は大きい。スポーツカーの象徴的存在となるこのクルマのスタイリングを手がけた人物である。今でも911は「機能が形態を決定する」という言葉がデザインに及ぼす力と、アレグザンダーの「デザインはファッションではない」という信念を示している。911を生んだ設計チームの判断は、私たちが掲げる経営の基本原則、「思考と行動は企業の長期的ニーズと連動していること」ともぴたりと一致している。

356や911に表れた、わが途を切り開く精神と、ものを形作る力は、一九九〇年代初めの危機的な数年にポルシェが転換を果たす原動力になった。正しいとわかっていることを実行しろと教えてくれた、かつての美徳を思い出させてくれた。オーナーであるポルシェ一族の会社に対する忠誠が一貫して変わらなかったことも、大きな力になった。危機的状況を告げる兆候が初めて現れた一九八八年、フェリー・ポルシェはこう断言したのだ。「競売で一番高い値をつけた者に売り渡すために、わが一族の名前をこの会社に冠したのではない。〝手っ取り早い金〟はアメリカのやり方かもしれないが、私たちのやり方ではない」[7]

フェリーのこの一言にポルシェの強さが凝縮されている。家族と会社は一心同体だと見るきずなの強さ、そして、困難が差し迫っていても捨てることのない長期的展望である。今振り返るとフェリーがこの言葉を発したのは絶妙のタイミングだった。しかしこの時、危機は幕を開けたばかりで、一九八〇年代末には予想もできなかったスピードで悪化して行った。自動車界の巨人にポルシェが飲み込まれるのは時間の問題だと、多くの評論家は感じていた。事実、ジャガー、フェラーリ、ランボルギーニ、ロータス、サーブ、アルファ・ロメオ、アストン・マーティンといった輝かしい名前に、まさにその運命が降りかかったのだった。

もし私たちが顔のない株式会社、つまり四半期報告書よる業務予測とシェアホルダーバリューしか見ない株主に支えられた会社だったら、やはり同じ運命を辿っていたのかもしれない。この時、監査役に就いていたフェリー・ポルシェは、先に記したように、世間と、虎視眈々とねらっている企業買収家に向かって、ポルシェの状況は収拾可能だとはっきり言い切ったのである。今から考えると、戦略的なポリシーを貫くことと、短期利益の最大化よりも企業の長期的バリューの増大を優先した株主という、企業にとってこの二つがいかに重要かをはっきりと理解できる。

一九九〇年代序盤までの一〇年足らずのうちに状況は劇的に変化した。景気に沸いた一九八六年、ポルシェは五万台を販売し、そのうち三分の二をアメリカに輸出した。しかし八〇年代中盤に、ピークに達したドルの為替レートは急落し、アメリカでのポルシェの販売は事実上止まってしまったのだ。一九九三モデルイヤーは、生産台数一万一五〇〇台、輸出台数三〇〇〇台に激減した。大きな利益を生んでいた市場が、一転して何億という損失をもたらした。まず最大の急務は、コストの実態を把握しなければならない。ポルシェは再び、最新の生産方法を学んで取り入れる必要に迫られた。そして今回訪れたのは、アメリカではなく日本だった。

以降、私たちの任務は、世界中のさまざまな人々にアピールする製品を生み出すことへと変わった。連綿と改良されて今日にいたる究極スポーツカー、９１１を始め、新モデルもラインアップに加わり、会社の成長に貢献し、独立性を保つ地歩を固めている。まず登場したのがボクスター、次いでカイエン、そしてケイマン、まもなくパナメーラが登場する。評論家の懐疑的な見方をものともせず、どのモデルも売れ行きは好調で、市場で確たる地位を占めている。一九九〇年代初頭には、四〇に過ぎなかった世界各国の販売市場は、今日一〇〇を数えるまでに成長した。

顧客を見つけるだけでなく、商品が社会的に認められることが大切だ。ポルシェは豪華商品であり、価格的に誰でも手に入れられるわけではない。だからこそ社会的に是認されることが大切なのだ。そうすればオーナーは周囲から反感を買うことなく、ポルシェを乗り回すことができる。たとえばダイヤモンドを家の中でしか身に着けられないとしたら、何の楽しみもない。

ポルシェの最高経営責任者の座を引き継いだ一九九二年、私は三つの重要なステップに取り組んだ。それらはコスト管理、製品の開発と市場の開拓、コーポレートプロファイルの鮮明化である。どれもこれまでとは異なる新しい方向に踏み出す勇気を要した。今日でもそれは変わっていない。新たな挑戦に取り組む時は、従来の価値基準を今日の状況に合うよう修正しなければならない。これが未来、ビジネス、社会全般の各分野で成功する定石である。

三つの重要なステップの第一段階は早くも一九九一年に着手することができた。この年、生産・資材管理担当取締役として私は古巣のポルシェに戻った。アーヘンのライン＝ヴェストファーレン州立先進テクノロジー大学で機械工学を学んだ私は、一九八三年に生産・資材部の長としてポルシェに入社した。一九八八年にヴィースバーデンにある自動車産業のサプライヤー、グライコ・メタルヴェルケＡＧに移った。在籍中、私は厳しい組織改革を実行し、ここを再び採算の取れる企業に建て直した。グライコは中間規模の同族会社だが、世界各地に八つの生産拠点を持ち、主要自動車メーカーに製品を納めていたため、最新の日本式生産方法をよく知るドイツのメーカーだった。

　一方、当時のポルシェは日本の生産方式などまるで知らなかった。ポルシェは典型的なドイツの企業で、製品そのものに力を集中していた。「ドイツではよくあることだが、ポルシェの企業経営陣は優秀なプロダクトエンジニアから成り立っている。工学畑の経営陣は、最良の製品を提供する企業が競合他社を凌ぐのだと考えている」。この意見を述べたのは英語圏の経営学教授であるジェームズ・P・ウォーマックとダニエル・T・ジョーンズの二人だ。二人は現代の企業経営をテーマにした非常に興味深い本を著しており、その中でポルシェの改革を詳細に語っている。[8] 製品そのものに焦点を当てる経営姿勢は、ポルシェのようなプレミアムカーの場合、確かに重要である。しかしこのような経営姿勢は、伝統的なクラフトマンシップと切っても切れない関係にある。ツッフェンハウゼン本社工場では大量生産方式は実践されず、事実上手作りで生産されていた。

　生産体制は厳格な階層構造からなる職制に沿って組まれており、多数のサプライヤーと強いきずなで結ばれていた。中には、ポルシェの生産がシュトゥットガルトに戻った時から連綿とコンポーネントを納入しているところもあった。こうしたきずなは非常に深く根づいており、価格が高いのか安いのか、製品は契約通りに納品されているかといった問題は二の次にされることが多かった。ポルシェは、納品された製品を一つ一つ検品し、生産に支障をきたさないよう膨大な在庫量を抱えざるを得なかったのである。

この点でポルシェがどれほどの時間と労力を費やしていたかは、数字を見れば明らかだ。一九八〇年代末、納品が三日以上遅れたパーツは全体の二〇％に達し、納品されたパーツの三分の一に数量の過不足があり、一〇〇万点あたり一万点のパーツに不良があった。当時、トヨタはどの自動車メーカーにとっても目標基準になっていたが、そのトヨタに納品されるパーツで使えないものは一〇〇万点当たり五点に過ぎず、九九％の納品が時間通りで、数量にも間違いがなかった[9]。

ポルシェが初めて組立ラインを導入したのは一九七七年のことである。導入の趣旨は、すべてのパーツをできる限り短時間に装着して、完成車に仕上げた後、問題の起こった箇所を時間とコストをかけて修正するためであった。グローバルな自動車メーカーと比べれば確かにポルシェのクレーム率は低かった。しかしそのためにどれほどのコストを費やしたことだろう。

当時のモデルポリシーも問題に繋がった。好景気に沸いた年、エントリーレベルの944はポルシェの売れ筋最右翼だったのだが、一転して売り上げは底なしに落ち込んだ。フロントエンジン・後輪駆動の928は、当初911に取って代わるモデルと目されていたのだが、顧客からの受けがよくなく、911の生産が続いた。やがてスポーツカーが商売になることを発見した日本メーカーが、市場に参入してきた。ポルシェは市場競争力のあるラインアップの開発に迫られていた。こうして、一九九〇年代初頭の困難な時期には、モデルイヤーが幕を開けるたびに、今年がポルシェにとって最後の年になるのは間違いないと考えられていた。

しかしポルシェが抱えていた本質的な問題は製品ラインアップではなく、コストだった。どのモデルも高価になり、これまでのマーケットだったアメリカの顧客にはポルシェを購入する余裕はもはやなかった。一方、トヨタを始めとする日本の優良メーカーは一台あたりの原材料消費量も少なく、ごく短い製造時間で、ポルシェのライバルとなるまであと一歩というレベルのクルマを作ってみせた。在庫保管料、工作機械に投じる費用、工場の単位面積当たりの支出、どれをとってもポルシェよりはるかに低い。誰の目にも明らかだった。生産にかかる時間とコストを徹底的に削減するためには、ポルシェは日本の製造方法を導入するしかなかったのである。

私が生産担当取締役に就いた一九九一年、ポルシェはこのような状況にあった。一時期勤めていた会社だから内情はよく知っていたし、グライコ在籍時代に日本の生産方法も知るようになっていた。だからどこからスタートすれば良いのかもわかった。私はまず部下にＭＩＴが出版したばかりの「自動車産業の第二次革命」[10]と題された研究報告書を読むように指示した。第二次世界大戦以降、ヨーロッパ、とりわけドイツの企業が生産からカスタマー・リレーションにいたるあらゆる分野で、日本のメーカー、とりわけトヨタにどれほど遅れを取ってきたかを大量のデータで示した研究報告書だった。

しかし優れた本を何冊読んでも、それで足りるわけではない。ポルシェの従業員は工員からヴァイザッハ研究所のエンジニアにいたるまで、自分たちこそマタイ伝に記された〝大地の塩〟であり、製品に相応しく売り上げが伸びないのは、ひとえに市場が悪いせいだと信じ込んでいた。ポルシェでは生産担当マネジャーが海外出張することなどまずない。仮に行ったとしても最新の工作機械を見るか、ショールームを覗くだけだった。


無駄にできる時間はなかった。ツッフェンハウゼン本社工場で仕事を始めるや、私は第一回目の日本出張を企画し、エンジニアと工場の監督からなる訪日チームを組んだ。トヨタを訪問しただけでなく、ニッサンとホンダの工場の操業ぶりも子細に視察した。訪問先では厚遇を受け、何でも見せてくれたし、わからないことは何でも教えてくれた。毎日さまざまな工場を視察し、毎晩各自のメモを比べ、見聞したことを検討した。

二つのことがすぐさま明らかになった。日本の水準より、私たちは遙かに遅れているということだ。視察が続くにしたがって、自分たちにもその理由がわかってきた。それと同時に、ポルシェが抱えている生産性の問題に真っ向からぶつかっても、解決の糸口は見つからないだろうと思い知らされた。どこをとっても健康状態にある工程は一つもない。会社全体が病に伏している状態だ。何もかも遅れを取っているのだから、どこから手を着けていいのかも、どのように優先順位をつけるべきなのかもわからなかった。

日本の企業は快く何でも見せてくれ、何でも教えてくれた——そのことが私たちにはショックだった。どう見ても日本の自動車メーカーは、私たちをまともな競争相手とは見なしていない。さもなければ、あんなにオープンに助言をくれるはずがない。惨めな気分だった。視察が終わる頃には、チーム全員が完全に意気消沈していた。

そんな感傷とは無関係に、いよいよ早急な行動を起こす必要に迫られた。一九九二年の世界的な不況はポルシェも巻き込み、販売はさらに落ち込んだ。ポルシェはこの時、一億ユーロ相当の損失を出していた。状況はますます差し迫っていた。しかも、この危機を乗り切るための切り札になるニューモデルもない。災禍を回避し会社を救うには、とことんコストを削減するしかなかった。一九九二年半ばまでに、私はポルシェの経営陣、工場の監督、工員、労働組合の代表者を伴って数度にわたり日本を訪れた。私の目的はこの危機的状況に傍観する余裕はなく、新しい途を探すしか未来はないという事実を、労使一同に納得させることだった。

私たちの訪日の結果は、三〇〇ページにわたる極秘文書にまとめられた。そこには私たちが集め、分析した情報がもれなく込められた。その存在を知る数少ない取締役から〝バイブル〟と呼ばれたものだ。ポルシェが生産に要するコストと時間を、トヨタ、ホンダ、ニッサン各社と比較している。さまざまな工程と作業順序が詳細に記され、生産工程の主要なデータが付記してあった。これを材料に企業経営コンサルタントのマッキンゼーが系統立てて診断し、「ライバルをリードするレース」と題して提出した。

そこにはドラマチックな結論が記されていた。日本のメーカーは、ポルシェの目から見れば瞬間的というべき早さでスポーツカーを作る。マツダと比べると莫大な額の付加コストがポルシェには発生している。理由はただ一つだった。日本車は組立ラインを後にした完成車には不良がない。対して、出来立てのポルシェの大半が問題を抱えており、修理を要したからである。

一九九二年に最高経営責任者の座をオファーされた時は二の足を踏んだ。これは射出座席への招待なのだろうか。勝ち目のない空中戦に駆り出されたパイロットの心境だった。これまでこのポストに座った人々の在籍期間は、思えばごく短かった。リスクを冒すべきだろうか。私はこの時まだ四〇歳だった。今ミスを犯せば、後のキャリアに長く尾を引きかねなかった。

その一方で、困難と闘って勝利を収めれば、このブランドにはさまざまなチャンスがあることもわかっていた。しかしこの不景気を乗り切れるのか。株主は冷静でいてくれるのか。大嫌いな銀行に、金を貸してくれと頭を下げざるを得ないのか。私に言わせれば、人に傘を貸しておいて、雨が降り始めたとたんに返してくれと言ってくるのが銀行だ。

この状況では、厳しい方策を取り入れざるを得ないだろうし、会社のやり方をくまなく再検討せざるを得ないだろう。大胆な行動と志の高い目標が求められる。ビジネスに成功するもっとも重要な条件は、私がこれまでの章で力説したように「信頼」だ。困難な時こそ真実を語らなければ、信頼は得られない。真実そのものを洗いざらい語るのだ。私は従業員に向かってこう伝えた。二〇〇〇名は去ってもらうしかないが、六〇〇〇名は救うことができる。しかし従業員の目をまっすぐ見ることは生易しいことではなかった。その言葉で、彼らは仕事を失い、生活そのものが危機に瀕することになるのだ。

労使双方にとって困難な状況だった。私としては経営陣の責任も問わざるを得ない。その一方で、従業員に真実を語れば、新社長はむやみに経費を節減するのではなく、会社全体を救おうとしているとわかってくれるとも考えた。ただ二〇〇〇名を解雇すると言うのではなく、従業員の大部分を救うつもりだと言ったのは、そういう理由からだ。だが、私がどんな言い方をしても、こちらに少しでも気の迷いがあれば、新任者が現状を変えるのに熱心なだけと思われてしまう。従業員から信頼は得られない。

信頼を勝ち取るには、会社の組織改革に伴う重荷のすべてを工員に負わせてはならなかった。取締役も上級管理職も厳しい目にさらされる責務がある。階段を掃除するには一番上の段から始めるのが原則というものだ。経営上層部には非常に頭の切れる人材が揃っていたが、二〇年も勤めていながら、本当の問題がどこにあるのか把握できていない。組立ラインの工員に効率の良い作業手順を誰も教えなかったとは、どういうわけだろう。ポルシェでは効率の悪いやり方が法律のような効力を持っていた。

理論的な判断で、これまで六段階あった経営陣の職制を四段階に減らし、全面的な改革を行った。経営陣の数を三八％減らし、職務も再検討を加えて振り分け直した。残った経営陣には、楽なホームゲームばかりを戦うのではなく、仕事に対するこれまでの考えを見直し、分厚いクッションの椅子から立ち上がり、精力的に仕事に取り組むよう要請した。

会社の破滅を遅らせるために、あらゆるレベルで従業員の数を減らすのは急務だったが、それだけで会社が救えるわけではない。日本のメーカーを視察して得た確信は、私たちが生き延び、将来も競争力を保つには、会社を徹底的に改革するしかないということだ。改革に手を着けるべき分野は山積していたが、第一歩は生産性を大幅に向上させねばならない。そして改革には、まず日本式の路線を学ばねばならない。

次なるステップとして労使協議会と交渉して生産現場にチーム制を導入した。これまで生産部門はさまざまな工程で二五～五〇名の工員が一人の監督の下に働いていたのを改め、八～一〇名程度のチームを多数作り、それぞれにリーダー役として監督を置いた。並行して、工員にこれまでのやり方は金がかかりすぎることを理解してもらう目的で、品質改善キャンペーンを実施した。組立ラインの工員も監督も、製品に組み込んでしまった不良を取り除くために、多額のコストを要することを知らずにいたため、誰もこの点をじっくり考えたことがなかった。新しいチーム制により、どこで不良が生じているのか、是正にはどういう対策を取ればいいのかが、誰の目にも明らかになった。

新しい提案システムも考案された。これまでアイデアはまず担当の立案部に回され、そこでしばらく放って置かれるか、ファイルにしまい込まれるかのどちらかだった。こうした官僚的な手続きが災いして、従業員一人当たりの年間提案件数は〇・〇六件に過ぎず、提案をしても芽のうちに摘み取られてしまっていた。ところがやり方さえ変えれば、従業員から生産性を向上させるアイデアはたくさん出る。新しいシステムでは、上がってきた提案を監督がすぐに検討し、可能な提案ならすぐに実行するのも監督の責任とした。

新たな方向性を示す最後の重要なポイントは、ポルシェ・ファーベッセルンクス・プロツェス、頭文字を採ってPVPと呼ばれる、ポルシェ改善プロセスだ。まずチームとコストセンターとの間で合意したうえで、結果を数値化できる月間目標と、年間目標を立てる。監督には目標を達成させる責任があり、誰にもわかるように、各チームの進捗状況をボードに掲示することにした。

これらのプランは文化大革命のように全社的に広まっていった。最初の成果を目にした従業員は、生産性とは段階的に次々と向上していくものであり、未来を守ってくれるものだと自信を持つようになった。こうして従業員が改革を受け入れることと同時に、経営陣が自分の役割を十分に果たすことも重要だ。会社が危機的状況に陥ったことにより、普段に増して経営陣にプレッシャーがかかり、自分の立場を考え直す機会になったのは間違いない。下り坂を転げ落ち、日を追って損失が増える中、「これまでずっとこのやり方でやってきたから」という言い訳がもはや通用しないことは、経営陣の誰もが理解していた。それでもポルシェの従業員は自信に満ちているので（これは控えめな表現だ）、社内に確かな抵抗はあった。

ドイツでは私たち以外の企業も同様な事態に直面していた。私たちがやったほどには系統立ってもいなければ、詳細でもないかもしれないが、彼らもやはり問題を分析しておおむね同様な結論にいたっていた。メルセデス・ベンツの最高経営責任者ヴェルナー・ニーファーは、同社の工員の間でとりわけ人気の高い経営者だった。そのニーファーも、日本のメーカーが生産効率の面で大きくリードしていることを認めて、あきらめ口調でこんなコメントを残している。「日本は私たちよりはるかに優れている。なぜだか私にわかるはずがないだろう。彼らも左右に一本ずつ腕のある私たちと同じ人間なのだ。仏教にでも秘密があるのだろう」

ニーファーはジョークを言ったつもりだったのだろうが、優れた秘密があることは間違いない。宗教とはまったく別の秘密だが。それは、どう分析するかではなく、解決策をどう実行するかであった。この頃の私の頭には何をすべきかが、ほぼ明確な形を取りつつあった。長い伝統を誇るポルシェのような企業を根本から改革する唯一の方法は〝カルチャーショック〟療法しかない。意識を改革して、長い間に慣例化したやり方を捨てようと納得してもらうのだ。何にも増して、会社が持ちかける改善と聞けば疑ってかかることしか知らない従業員を、コーナーに追いつめる必要があった。

どう取りかかればいいのか。決断が必要であり、その決断が正しいとの確信があるならすぐに下すべきだ、私はこの教訓をずいぶん前に学んでいた。行動に移し、何をやって欲しいのかを明解な言葉で伝え、プレッシャーをかけ続ける。そうすると驚くべきことに、これまでずっと不可能だと思っていたことが突然うまくいき始める。今日もうまくいくし、その次の日もうまくいく。私たちには学ぶべきことが山ほどあるのに時間がなかった。一九九三年、私は毎日、ほぼ一時間ごとに会議を持った。その会議の一つには『デア・シュピーゲル』の記者が出席して、後に記事にしている。[11]

あれは部長レベルが出席する定例の会議で、誰もあんな騒ぎに発展するとは思っていなかった。議題が「是正を要する項目」に移った。決まって白熱した議論が交わされるトピックだ。組立ラインを出た時点で重大な不良を抱えている製品の比率は依然として高く、悩みの種だった。担当重役に向かって、不良のある製品の比率を五〇%まで下げる必要があると私が言った。それはあまりに困難な目標で達成できそうにないと返答してきた。彼と同様な立場の役職者に、すでにこの数字を達成している者が出ていた以上、私としてはこう切り返すしかなかった。「それが仕事だろう。できないというなら、君が問題を抱えることになる」

こういう場面では強硬な姿勢を貫くべきだと教えてくれたのは、私の経営者としての能力だけではない。日本を訪れて見聞したものに私は心底驚き、目を見張った。これらが私に啓示を与えてくれたのである。日本では同僚を伴って、セミナーを始めとする数々の催しに出席したが、そうした中で新技術研究所の代表者とお会いする機会を得た。「新技術」はスペシャリストで構成されるコンサルタント会社の名前だ。ちょうどVWグループが、スペイン人の重役ホセ・イグナシオ・ロペスをオペルからヘッドハントして、購買部の新任部長に据えた頃である。ロペスはその行き過ぎたコスト削減のやり方で早くも悪名を馳せていた。新技術の代表たちは〝ロペス〟の名前を聞いても日本人特有の笑みを浮かべただけだった。彼らのやり方はロペスとはまったく異なっていたのだ。

当時、新技術研究所の創始者にして代表取締役社長の立場にあった岩田良樹は、かつて三〇年にわたりトヨタ・グループで生産責任者を務めた経歴の持ち主である。カイゼンとは世界中の企業経営者が秘術のごとく信頼を置いている、継続的な改良プロセスである。岩田はカイゼンの提唱者の中でも傑出した存在だ。トヨタの伝説的なエンジニア、大野耐一がかつて自分の回りに集めたスタッフの中で、中核を成したメンバーが他ならぬ岩田以下、新技術を興した四人である。カイゼンの創案者である大野は、早くも一九六〇年代に無駄を作らないトヨタ式の生産システム、のちに欧米で「リーン生産方式」として知られることになるシステムの開発を始めていた。リーンとは「贅肉がない」という意味である。アメリカとヨーロッパに進出して成功を収めた日本の自動車メーカーのなかで、その立役者を一人挙げるとすれば、大野耐一をおいて他にいない。

日本人がこのカイゼンという技術を理解していることは疑いもないが、岩田によれば、日本にあってさえカイゼンの「精髄」を本当に理解している企業経営者は五指に満たないらしい[12]。偉大な師、大野が一九八五年に亡くなると、岩田と数名の同僚はトヨタを辞していた。自分の会社を興した。しかし新技術研究所は海外の自動車メーカーとは働かないと約束していた。だとしたら私たちに救いの手はないのか。ポルシェの生産方法を徹底的かつサスティナブルやり方で変えようとするならば、彼らのアドバイスは必須だった。私は自分が求める〝リーン・ファクトリー〟の構図ははっきり描くことができたが、そのアイデアを実地に導入したことは一度もなかった。加えて、ポルシェの状況はもはや抜き差しならないところまで来ており、どんなミスも犯すことはできなかった。やってみたが、だめでしたという言い訳は許されなかった。

ポルシェのために岩田の助けがどうしても必要だと、私は心に決めていた。岩田は数度にわたりシュトゥットガルトの私のもとを訪れ、私たちは差し向かいで話し合った。私が口先ではなく、本気で抜本的な変化を望んでいると納得したかったからに違いない。私は彼らが勧める変化なら、何であれ導入しようと決めていたが、どうやら岩田は私の決意のほどに納得したようだった。新技術のチームは日本の自動車産業と交わした約束に例外を作ることにしてくれ、私は心底歓び、安堵のため息を漏らした。しかし彼らが協力すると決めた裏には、私たちには日本企業に対抗する能力はないと見なしていただけなのかもしれなかった。初めて日本を訪れた時に感じた困惑が頭をよぎった。

岩田のチームをこちら側に引き寄せるため、私は当然ながらその感情が表に出ないように努めた。彼らの力添えがあって〝カルチャーショック〟は十分な力をもってツッフェンハウゼンの伝統的な構造に浸透していくのだ。彼らはいわば赤裸々な真実を教える指導者なのだ。これは私の立場からすれば魅力的な、しかしポルシェが再興して健康体になるには、いやでも服用するしかない薬なのだ。

時間が短かったことを考えると、私の願いは想像していたよりとんとん拍子に、かつ過激に叶った。しかし率直に言うが、日本人のやり方は、私たちにとって愉快とはとてもいえなかった。彼らは誰にも臆することなく、一切の反対意見を受けつけなかった。一九九二年にシュトゥットガルトを初めて訪れた時から、岩田は私と同僚にありのままの真実を突きつけてきた。物腰はあくまでも柔らかなのだが、彼は私にこう言ってのけた。「あなたは悲しくなるほどお粗末な工場のリーダーなのですね」。私たち全員に歯に衣着せぬ批判を浴びせた。「あなたたちは口を開けば過去の業績を語るが、私は自分の目で見たものしか信じません」。岩田は自分の目に映ったものは破滅的であると言い切り、こうつけ加えた。「ポルシェは私たちから三〇年遅れている」

　その理由についても岩田はやはり遠慮会釈なかった。「アメリカ人の頭にコンクリートが詰まっているとすれば、あなたたちドイツ人の頭の中は鉄でいっぱいなのですね」。シュワーベンはドイツでも最高のエンジニアと改革者の生産地というのが通り相場なのだが、岩田は舌鋒鋭くこきおろした。「何もかもこれまでやってきたとおりじゃなければだめだと理由をつけるうまさにかけて、あなたたちは世界チャンピオンです」。どれも聞いて嬉しくなる類の内容ではなかったが、この頃には、私もこうした毒舌に免疫ができていた。彼らの言い分は、私の状況分析と同じだとわかったからだ。彼らが説得力豊かに表明する意見を聞いて、わが意を得たりという気持ちだった。ポルシェに必要な抜本的な改革を起こす原動力になって欲しいと願った。

　新しい〝日本スタイル〟の波紋は、不穏な陰を帯びながら会社全体に広まっていった。岩田の同僚、中尾千尋がツッフェンハウゼン本社工場で最初に演じた〝パフォーマンス〟は値千金だった。一九九二年春にこちらにやってきた中尾は、工場を視察するに当たり、ぜひとも私に同行をと求めた。工場に一歩踏み入れるやいなや、中尾は歩みを止め、あたりの監督や工員に聞こえる大声でこうたずねた。「工場はどこです。ここはパーツ倉庫に違いない」[13]。私たちがここは間違いなくエンジン組立工場だと説明すると、中尾はやはり大声でこう切り返してきた。「ここが工場だとするなら、ポルシェが金を儲けているとは思えないな」。私たちの社員がそのとおりだと答え、毎日損失を出しているのだと伝えた。中尾はぐいと胸を張り、裁定を下した。「やり方を変えるしかありません。今日から始めましょう」

まず最初に、私たちの側に進んで協力する気持ちがあるのか質問が集中した。「ポルシェで働くことに誇りを抱いていますか。ポルシェに生き残ってもらいたいと望んでいますか。もしそうなら、これからすぐに私たちの提案を実行してください」[14]

エンジン組立工場でのカイゼン・プロセスの第一週はこの工場視察から始まった。第一週の目標は実にシンプルだった。膨大な量のパーツ在庫を廃止し、正しいパーツを探し出すのに必要な長々とした手順を止めること。この非生産的な作業は、一日の作業時間で高い比率を占めていたのだ。パーツは搬入口から組立ラインで必要とされるポイントまでよどみなく流れ、その間に遅れも出さなければ、スクラップにもしないし、返送もしないというのが目標だった。典型的な〝ジャスト・イン・タイム〟の原則だ。

中尾はパーツ棚の高さを今の半分の一・三メートルまで低くするよう指示した。従来、組立ライン沿いにパーツは二八日間留め置かれていたのだが、こうすればスペースがなくなるので、七日以上置くことは物理的に不可能になる。棚を低くすることで視界が開け、工場で働くスタッフ全員が他のスタッフの作業を見ることができるという、副次的なメリットも彼らのねらいだ。パーツの手配遅れは、影響を受ける全員にわかってしまうわけだ。これらすべては次なる大きなステップに移行する準備にすぎない。次は組立ライン沿いのパーツストックを全廃して、工場内部の動き全体をスピードアップする。これはいずれ討議して、いつか素晴らしい未来がやってきた折りに実行に移せばいい案件ではない。従業員はそこのところを十分に理解する必要があった。私が工場視察の一行に加わったのは、まさにその時だった。いわばモルモットの役を買って出たようなタイミングだ。

工場視察に備えて、私は生産ラインの工員が着るブルーのつなぎを着込んでいたが、このこと自体が異例だった。工場のスタッフはボスがこんな格好をするのを見たことがない。この時誰もが予想だにしないことが起こった。のこぎりを掴んだ中尾が、それを私の手に握らせた。組立ライン沿いに走るパーツ棚の高さを望ましい一・三メートルまで切りつめろというのだ。改革の成否を左右するメッセージを送れという、中尾から私へのサインだった。「経営陣は従業員に明るい未来が拓けるように願っている。経営陣の仕事は、従業員に指示を出すだけでなく、指示が実行されるまで見届けることなのだ」――短い幕間劇に私が伝えようとしたメッセージである。

この機に乗じた中尾は畳みかけて言う。「ここの棚を三〇分以内に片づけてしまいましょう。夕方までに工作機械をUの字形に配置し直します。明日、スーパーマーケットのショッピングカートを持ってきます」[15]。新たな取り組み方だった。毎朝決定が下され、毎日午後に〝ワークショップ〟ミーティングが開かれ、その場で監督はこれまで達成した項目を報告するのだ。

ミーティングはこんなふうに進行した。ある朝のワークショップ・ミーティングで、カーペットの固定が中途半端な車両が組立ラインの最後で見つかったと、監督の一人から報告が上がった。不良品ゼロを目指す「ゼロ・ディフェクト」の原則では、不良が発生したその現場で見落とされたことが問題となる。中尾はすぐさま監督に食らいついた。「見落としたチームを突き止めて説明を求めるべきです」。普通、熟練工同士でこういうやり方はしない。監督はこの場は穏便に収めてくれと頼んだ。問題は認識されたのだ、〝遅かれ早かれ〟起こらなくなるだろうと。

この言葉に中尾は激高した。「この場は今日の達成項目を報告するところです。先に繰り延べした項目など報告しなくて結構です」。自分の言葉に煽られ、解決策をすぐさま、今この場で出せと中尾は要求した。「カーペットを固定する確実な方法は他にないのですか」。相手の剣幕に疲れた監督はこう答えた。「今やっているのと反対の側から差し込めば、固定作業は早いし楽にできるでしょう」。すかさず指示が飛ぶ。「ではその方法でやってください」。「別の接着剤が必要になります」。「たっぷり手に入れなさい」[16]

もはやお手上げといった風情の監督は、接着剤が納品されるのに二週間かかると説明した。討論にけりをつける、とどめの一言のつもりで言ったのだとしたなら、彼には運がなかった。「それでは同じ問題を一四日間も抱えることになるじゃないか。すぐに電話したまえ」。監督は電話を掛けに出て行った。中尾は怒りを抑えて待ったが、納品期間が五日に縮まったと聞いてまた食ってかかった。「今欲しいと伝えるんだ。できないなら他の業者に当たると言いなさい」。監督はもう一度電話をかけ、接着剤は明日届きますと確約した。中尾はそれでも腹の虫が治まらない。「今から取りに行きたまえ」

会社が危機的状態にあるというのに、自尊心の高いポルシェ従業員の一部は、日本人にあごで指図されることを屈辱と感じていた。一方、中尾以下の日本人グループも自信を持っていることにかけては同じで、通訳を介してのコミュニケーションにもかかわらず、これからの仕事のやり方について遠慮会釈なく指示を出していった。激しい抵抗に遭ったケースはいくつもある。何かを変える場合は、事前に一週間から一か月の協議期間を置く、これがポルシェに定着していた慣習だった。新しいシステムは社内ルールに違反していた。新しい工法を取り入れるとか、工作機械を調整するなどの場合は例外なく、まず最初に労使協議会の了解を取りつける必要があった。「すぐに実行する」というカイゼンのモットーは、従業員の利益を代表する規定と真っ向から衝突することになる。

　私は従業員全員に自分の立場を明らかにしておいた。不満があればいつでも私に直訴して構わないと。しかし強硬路線支持派の従業員も、ただ「ノー」というだけでは自分たちの思い通りにならないことはわかっていた。一度だけ電話が鳴った。監査役会のメンバーからで、日本人コンサルタントを撤退させて欲しいと言ってきた。「やり方が厳し過ぎる」というのだ。私は断固たる態度で、いったん始めたものは最後までやり通すべきだと答えた。結局、私の部屋のドアを叩いた者は、一人もいなかった。


　骨の折れる交渉を重ねて、労使協議会は中尾グループに必要な権限を委譲する協約書に署名した。協議会のメンバーにはそれしか選択肢がなかったのだ。ポルシェがメルセデス、VW、あるいはトヨタに売却されるかもしれない、その恐れは熟練工の心胆を寒からしめた。しかもそうしたシナリオはいよいよ現実味を増していた。従業員を代表する協議会は中尾グループと並行して、独自の社内改善チームを組みたいと提案してきた。ベテラン従業員は改善を要する分野を見つけ出し、然るべき対策を実行できると言ってきたのである。

　一方、エンジン組立工場では、私たちの〝干渉〟がわずか一週間後には明らかな結果になって表れていた。パーツの在庫量が減った。置きたくてもそのスペースがなくなってしまったのだ。そして一年半後、カイゼンの原則はそれまでポルシェを支配していた慣習に完全に取って代わった。パーツの収納場所は工場の床面積の四〇%を占めていたのだが、ゼロになった。エンジンが組み上がり、車両組立ラインに移動するわずか二〇分前に、次のエンジン用のパーツが到着するという、まさに〝ジャスト・イン・タイム〟の方式が定着したのである。

この頃には改善担当チームが六つ編成され、塗装、ボディ製作、エンジン組立、車両組立、最終組立の各工程で方策を立てていた。日本のアドバイザーは毎月一週間工場に滞在した。月曜朝のミーティングでこれまでの結果を分析し、彼らの指示を受けたチームが午後現場に戻る。金曜日、その週の成果を集約して、向こう三週間の計画を立てるのだ。

指示を実行するには、必ず同じ手順を踏んだ。前述の六チームが提案し、監督を含めたラインの工員が、提案を実行に移す最も効率のいい方法を考える。一見すると些末な問題にも注意を向けた。エンジンにボルトをねじ込む役割の工員には、ボルトが何百と入った大箱の中から取り出すのではなく、あらかじめきっかり必要な本数があてがわれる。これで工程のスピードが上がるだけではなく、最後に一本残ってしまったとなれば、途中でミスを犯したことが明かになる。こうした改善策を系統立てて実行するのに、当初、従業員は地元のＤＩＹ大型店からショッピングカートを借りていたのだが、さらに効率の高い方法が追って採用された。

金曜日はその週の成果を発表する日で、プロジェクト全体にとって重要な部分だ。また一所懸命に仕事をしたからには、相応しい楽しみがあるべきと、改革計画の新たな段階に達した時には、必ず大きなパーティーを開いて従業員と家族を招待した。このパーティを、これまで大きな進歩を遂げたのだと実感する機会としたのである。

岩田の率いるコンサルタントグループの助けがなければ、改革をここまで迅速かつ効率よく実行できなかったと思う。彼らはこれまで三〇年を費やして、私たちに行ったのと同様な対策を立案し、実行してきたのだ。〝リーン・シンキング〟は実務から学ぶべきである。やがてそれがどれほどの成果を上げるのか理解できる。岩田良樹とそのチームは、私たちの目を覚ましてくれた。ごくありふれた一日の業務から、非常に多くのことを学ぶことができた。他の方法ではこれほど多くを学ぶことはできなかったと思う。実に魅力的な経営プロセスである。

私たちが導入した具体的な変革を以下に列挙してみよう。経営陣の職制数を減らし、人数を削減した。設計にモジュラー・エレメント方式を採用した。その結果、外注企業の立場をシステムサプライヤーに昇格することができ、一つのワークプロセスをまるごとアウトソースすることが可能になった。目標を明確に定めてコミュニケーションを図ることを最優先事項とした。ビジネスの優先順位は顧客のニーズに合わせて調整する。自分の職域で創造性を発揮し、工程を改良するチャンスを従業員に与える。開発の初期段階からポルシェ側の専門家とサプライヤーは顔を合わせノウハウを交換する。

二年の間に、社内でカイゼンを担当するＰＶＰチームは、岩田グループが行っていた仕事を少しずつ引き継ぎ、独力でこなす術を身につけていった。以降、ＰＶＰに一つ新しいルールができあがった。年に四回、各々のチームは、日々の仕事から直接生まれた変革をもれなく網羅した、一週間にわたる改良プロジェクトを実施するのである。

もっとも重要な変化は、生産部門のスタッフ全員の心構えが以前とはすっかり変わったことだ。彼らはもはや上が押しつけてくる硬直化した構造の中で働いているのではない。彼ら自身がどうすれば最良の工程が組めるかを決めているのだ。他人から変化を強制されることもないし、昔のやり方に戻りたいと思っている従業員もいない。改善に繋がる提案件数も急上昇した。〝リーン・カンパニー〟では、従業員はハートのないメカニズムの歯車の一つではない。彼らはそれぞれの職域のエキスパートだ。自らの責任で障害はどこにあるのかを明らかにして、排除する能力を持っている。

不良を根絶する作業は、できるだけ先送りにしたい、いやな仕事ではなくなった。不良を発見した工員が赤のコードを引っ張ると、ラインが止まる。関係者全員で問題の除去に取りかかる。〝暴露した〟工員は賞賛されこそすれ、非難されることはない。不良の所在をすぐさま突き止め、傷が広がらないうちに修正することが大切なのだ。組立ライン上で不良を修復するのに仮に一〇ユーロかかるとすれば、ラインの最後で修復すると一〇〇ユーロかかり、顧客の手に渡ったあとに故障して修理となると、一〇〇〇ユーロを要する大事になる可能性が大きい。

ゼロ・ディフェクト生産を成功裏に進めるには、昔からの原則、〝失敗から学べ〟に従うしかない。同じ間違いを犯さないもっとも確かな方法である。現代の生産方式を説明する際に、よく引用されるアドバイスにこんなものがある。ある工員がミスを犯してこれを賢明に修正しようとしている。その時この工員はまさに〝進歩している〟のだと。間違いを犯すことは許されることで、とやかく言われることではない。大切なのは同じ間違いを二度と繰り返さないことだ。むしろ成功が続いてそれに甘んじていると、人はとかく不注意に陥るものである。

トヨタのリーン生産方式をポルシェほど系統的に取り入れたドイツ企業は他にない。しかもいろいろな分野で新しく項目を追加したり、改良を続けたので、現在ではポルシェ生産方式と呼んでいいと思う。ポルシェの生産性は毎年六～八％アップしており、競争力を保っている。年中精力的に飛び回っている私だが、カフェテリアに顔を出し、社員に混ざってコーヒーを楽しむこともあるし、生産ラインで現場のスタッフと世間話を交わすこともある。決して社員にやる気を起こさせるための策を講じているわけではなく、時間があれば心がけている私にとってごく日常的な行動だ。こうすれば社内の最新情報がわかるし、彼らの考えていること、不満に思っていることもわかる。

こうして従業員を理解した上で、ちょっとした心理的作用を使えば、彼らはやる気を出してくれる。将来像が明解であれば最善を尽くす励みになる。しかし経営陣はリーダー風を吹かせる前に、会社のカルチャーに敬意を抱いていることを行動で表す必要がある。従業員は敏感だ。販売目標を達成する手段としてしか従業員を見ていないのか、それとも心から会社にとっての最善とは何かを考え、社員の間に無気力が蔓延しないよう努める経営者なのかを、たちどころに見抜く。

四半期報告書しか頭にない企業には、こうした前向きな経営姿勢と明解なビジョンが欠けている。ドイツを拠点に活躍する経営コンサルタントの富永実は「経験から申し上げるが、ドイツの企業のビジョンは実に曖昧だ。何をしたいのかまったく考えがないからだ。日本の企業経営者はこの点でさらに具体的な意見を持っている」と語った。

さて、リーン・プロダクションというかたちで実を結んだ改革は、継続的に良い結果をもたらし、明るい未来に向けて好調な第一歩となった。私たちは続けて二歩目を踏み出した。パーツの共用化を段階的に取り入れることで、モデルごとに専用の、多くは手作業で製作されていたコンポーネントを作らなくて済むようにした。これで生産工程が大幅にシンプルになっただけでなく、ニューモデルの立案と開発が合理化され、スピードアップした。端的に言って、岩田をリーダーとする日本のコンサルタントの助けを得て導入した、生産方式の変革により、まったく新しい大局観のもとに、モデル戦略を構築することができるようになった。この生産システムのおかげで、危機的状況を迎えてもびくともしない基盤ができあがり、経営が安定したのである。

理論的に踏み出した第二歩目、すなわち新しいモデル戦略により、ポルシェの市場選択は根本的に変わることになる。これまで取締役会はもっぱら〝撤退政策〟に従ってきた。この頃、エントリーモデルの968が大きな損失を出していた。当時の生産方法では、日本メーカーと張り合えるような価格でこのモデルを作ることはできなかったのだ。一方、日本メーカーはポルシェをはるかに下回る価格のスポーツカーを次々と投入してきた。当時の経営陣は、ポルシェの市場が急速に悪化していることを鑑み、968の生産は中止、これまでトップモデルだった928よりさらに強力で高価なモデルに集中するという決定を下した。市場に屈服して自らごく小さな市場の隙間に引っ込んだわけだ。こういう政策を採れば、どうしても企業規模は収縮して核になる部分しか残らず、危険な状態になる。それにここまで縮小してしまうと再度成長するのは事実上不可能なのである。

ところが生産性が向上するにつれ、私たちがこれまで知らなかったチャンスが目の前に開けてきた。高価格帯のラグジュアリークラスに加えて、別のセグメントでも競争できるモデルを作れるようになった。最大公約数に縛られることなく、生産計画を広げられるようになったのだ。この計画から生まれたのが中間価格帯のボクスターで、一九九六年秋に発表された。その一年後には９１１のニューモデルも投入した。９１１は言うまでもなくポルシェ・ブランドの精髄であるスポーツカーそのもののキャラクター、パフォーマンス、時間を超越したエレガントなデザインをかたちにしたクルマだ。この二つのモデルの間でエンジンブロックを含め、四〇％のパーツを共用することを決めた。その結果、生産台数は比較的少なめでも十分採算が取れたのである。

私たちもかなり強気の見通しを立てていたのだが、果たしてボクスターはそれすら上回る大変なヒット作となった。一九九三年のデトロイト・ショーで初めてベールを取るとメディアは熱狂的に迎えた。「ボクスターによってポルシェはそのルーツに立ち返った。純粋にしてオーセンティック。大き過ぎもせず、余計な豪華装備もついていない」[18]。私たちはポルシェブランドの中核を成す要素、すなわち高い付加価値を有するクオリティ、パフォーマンス、材質をボクスターでも実現させ、評論家から嵐のような賛辞を受けた。

ボクスターでは、これまでのポルシェではどうしてもなし得なかった相反する二つの目標を達成することができた。一つは、かなり大きな市場に手ごろな価格のモデルを送り込み、これまでにない大量数を生産することである。しかもブランドイメージには良い影響を及ぼすこと、これが二つ目である。ボクスターの販売台数は右肩上がりに伸び続けたので、９１１とは異なる方法を採り、製造を海外のパートナーに任せることにした。海外で生産するに当たってはポルシェ・ブランドに求められる項目を満たすことを最重要点とし、サプライヤーもツッフェンハウゼン本社工場に納品している企業を起用し、同じ品質基準を当てはめた。

その頃には従業員も〝リーン・プロダクション〟の環境にすっかり馴染み、かつて以上にやる気に満ちていた。一九九七年末、新型９１１は熱狂的に顧客から迎え入れられ、ポルシェの新しいビジネスモデルは順調に進行した。改革の最終段階にさしかかっても私たちは手綱を緩めなかったが、従業員らのがんばりに私たちが感謝していることを表す場である、彼らとともに成果を祝うパーティーを忘れたことは一度もない。

そして何にも増して盛大に祝うことがある。神経をすり減らす生き残りをかけた戦いに勝利を収めたのだ。痛みを伴う決断をいくつも下したすえ、私たちはようやく長期戦略に目を向けることができた。今や関係者全員がポルシェに未来があることを知った。その未来を現実に変える作業に専念することができるのだ。

第一に、将来自社製品をどこで製造するのかを決めなければならなかった。ボクスターの販売は好調で、ツッフェンハウゼン本社工場の生産能力はまもなく上限に達する。リーン生産方式のおかげで、工場の敷地面積は同じでも生産に当てられる床面積が増えたのだが、それでも足りなかった。そこでフィンランドのビジネスパートナー、ヴァルメットに協力を仰ぐことにした。以降、同社は私たちに代わって相当数のボクスターを組み立てている。私たちにとっての利点は非常に大きい。新たな工場を建設しないで済むから間接費の重荷を背負うことがない。市場の需要に柔軟に対応して、コストを確実にコントロールできる。

さらなる成長に結びつくチャンスを掴むために、モデル計画を拡大することを迫られたのだが、ここでも同じポリシーに従い、自分たちにとって最も重要な業務に力を集中させることにした。つまり研究・開発、設計、エンジンなど主要コンポーネントの製造、販売・マーケティングである。

私たちが選んだビジネスモデルの成否は、有能で信頼の置けるパートナーにかかっている。私たちがいくらノウハウを潤沢に持った有能な会社だとしても、小さなボルト一つまでポルシェのデザイナーが設計するわけではない。現代のクルマは数千のパーツからできている。それらを妥当なコストで組み上げ、欠陥・不良のない一台の完成車に仕上げていく。これこそポルシェにとって最大のチャレンジだ。それにはシステムサプライヤーが不可欠だ。今日、彼らは開発段階から深く関与するようになっており、完成品としてモジュールを納品し、組立ラインで組みつけの作業までする場合もある。

二〇〇二年に発表したポルシェのスポーツオフロードモデル、カイエンの場合、VWがこの役割を果たしている。ポルシェが開発したプラットフォームに、VWではトゥアレグの、ポルシェはカイエンのボディを載せる。ＶＷが供給するボディシェルはまさにポルシェ・クオリティそのもので、ドイツ国内のライプツィヒ工場で架装される。最近アウディもＱ７に同じプラットフォームを使い始めた。

成功を収めているこの生産方法を将来も続けるつもりだ。具体的には、二〇〇九年に発表予定のスポーツクーペ、パナメーラはこの方法で製造する。この場合はＶＷの余剰生産能力を利用して私たちの間接費を抑える。パナメーラによってポルシェは利益を伸ばし、成長しつつ、今後何年にもわたってその独立性を確実にすることになる。どうやればそれが可能になるか、私たちがそのやり方を心得ていることは、この一〇年の実績が立証しているといえるだろう。

ＶＷはすでに私たちが必要とするコンポーネントの三分の一以上を供給している。そのパートナー企業と協力してパナメーラを製造するために、ポルシェは三〇万ユーロを越す資金をＶＷ株取得に投じた。私たちはさまざまな分野で二社間のパートナーシップを拡大・強化できるだろう。今後ＶＷ株の動きによっては、私たちは配当金を受けることもあるだろうが、それはともかく、ＶＷ株取得はポルシェにとって確実な資本投下だ。私たちは今後もポルシェが利益を上げ成長するための基礎を強化し、二社の力を一つに集約した。ここで私は、岩田良樹がかつて言った、日本ですらカイゼンの原則を本当に理解している人は五指に満たない、との言葉を思い出さずにはいられない。ＶＷへの経営参画で、私たちは金融投資家から激しい批判を浴びた。その時、私はいささか意地の悪い詮索を交えてこう思ったものだ。これらアナリストの中に、成功につながるポルシェの戦略を理解できる人が何人いるだろうかと。

私たちは生産工場を抜本的に最新化し、市場のニーズにあった製品系列を取り入れた。効率の高い生産計画が実行できるように独自のプログラムを開発した。その結果、同じ一つのライン上でボクスターと911を生産できるようになった。現在、ライプツィヒには超現代的な工場に隣接してプルービング・グラウンドが備わり、魅力的なカスタマーセンターが併設されている。ここでは新たにカイエンのオーナーになった人々が自分の車を受け取ることができる。現在増築中で、将来はパナメーラのオーナーもここを訪れることになる。

企業を立ち直らせると経営者も活発になる。私たちはポルシェと同じような成功を収めたいと願っている企業に、ポルシェ秘伝のダイエット療法を伝授している。ヴァイザッハにあるポルシェの研究センターでは、技術上の優れたノウハウを第三者に提供しているが、その伝統にならってポルシェ・コンサルティングを設立した。ここでは企業が持っている生産プロセスやビジネスプロセスを最大限活用できるように手助けをしている。

私たちもかつてそのようにして助けられた。私たちは独自の途を追求しながら、外部からの意見に耳を傾ける用意はいつもある。意見を丸ごと受け入れることはないだろうが、適合させて取り入れる可能性は常に考えている。今より遙かに状況が困難だった当時、私たちは遠く離れた日本のライバルに助けを求めた。新しい生産方法を教えて欲しい、私たちのニーズに合ったかたちで取り入れたいと訴えた。そして社内のチームが核となり、リーン・プロダクションをポルシェに導入した。その核が成長してできたのがポルシェ・コンサルティングである。こうして今、自分たちが実行していることは、第三者の厳しい目により吟味されるべきである、常々そう考えている。

マーケットで展開する製品のキャンペーンと、社内で実施する生産性向上のキャンペーンを併せて活用することで、成長の素地ができあがった。ポルシェはこうして手順を踏みながら成長への途を辿っている。かつての一元的なスポーツカーメーカーは、他のメーカーでは作ることのできない、冒険心に富んだ、思いもかけない出会いを可能にする製品を送り出す、多元的なサプライヤーに変わった。ポルシェは目の前に広がる巨大な市場のチャンスをがっちりと掴み、そのチャンスを未来に向けて、決然たる姿勢で活用していく所存だ。カイエンの成功が進むべき方向を指し示している。パナメーラはカイエンが成し遂げた成功を再演してくれることだろう。その自信はある。

私たちは世界中に張り巡らしたセールス機構を一層強化し、まったく新しい市場にも足を踏み入れる予定だ。しかし、製品はあくまで特に人件費が高いと言われている現在の国内生産拠点で製造する。メイド・イン・ジャーマニーは、製品の技術的な優秀性や、人の感性に語りかける魅力とまったく同じ、ポルシェにとっての企業哲学なのである。国内のライプツィヒ新工場でカレラGTに続く三番目のモデルを作ることを決めた理由は、ドイツはポルシェのプレミアム製品の名声に相応しい場所であるから、そしてメイド・イン・ジャーマニーのプレートが製品に付加価値をもたらすからだ。ライプツィヒはコストの点からもイメージの点からも正しい選択なのだ。

私たちはこの点に一片の疑いも抱いていない。これこそが世界でもっとも収益率の高い自動車メーカーのステータスを守り、関係者に利益をもたらす唯一の方法である。株主にとっては株価が大幅に上がったことは喜ばしいことだし、十分な配当金も受け取っている。従業員は賃金が業界の平均を上回り、年次ボーナスも支給している。そして州当局も恩恵にあずかっている。社屋・工場を置く地元にポルシェは相当な額の税金を納め、地域活動にも精力的に取り組んでいる。ポルシェには守るべき基本的な原則がある。それは、長期的な目標を追求すること。他に類を見ない製品を提供すること。そして企業としての信頼を守ることだ。

企業を成功させる三つの必要条件は、第一にコスト管理、第二に製品開発、そして重要な第三が、顧客の所有欲をかき立てる〝光沢〟をブランドに与えるべく、自社の持つ個性、特徴を磨き上げること——これこそ、成功を目指す企業が避けては通れない、第三のステップなのである。

第七章

箱の中から飛び出せ

既成概念にとらわれない考え方

『マネジャー・マガジン』誌主催の投票で、ドイツで最もイメージのよい企業に選ばれるたびに、企業としての自信を示す良いチャンスととらえ、私たちは短いプロモーションビデオを作成してきた。[1] 二〇〇〇年の『Eigentich（本質）』、二〇〇二年の『Vielleicht（もしかして）』、二〇〇四年の『Trotzdem（それでもなお）』に続いて二〇〇六年一月に『Na denn（さあ、始めよう）』を作成した。どのタイトルも短くて謎めいている。これらのビデオでは、巨大なメーカーグループと業界一位の座を張り合うべくもないポルシェが、なぜ独立性を保ち、なぜ世界でもっとも採算性の高い自動車メーカーたりえているのか、その理由を説明している。

さっぱりと短いタイトルはポルシェの立場をうまく要約している。グローバリゼーションに熱心な企業が好む、大げさで抽象的な言葉も、イメージ作り専門のコンサルティング会社が使う今風なスラングも、私たちには必要ない。ドイツ語の日常的な語彙から意味がストレートに伝わる言葉を使えば、十分用が足りる。ところで経済不況が世界を襲った当時、ポルシェが生き残る方に賭けた人が何人いるだろうか。私たちは苦境に陥り、企業規模が小さいことが事態をさらに悪くした。ところが奇妙にも私たちは生き残った今も小さいままだ。しかしあの時以降、自動車産業界と世界経済に何が起こったかを振り返って見ると、今なお存在していることの意味がわかるだろう。

一部では私たちは頑固者と呼ばれているらしい。正しいと信じる途を辿る私たちのやり方を捉えてそういうのなら、頑固者でもいっこうに構わない。流行を追いかけるのは他の人に任せよう。世の中には、ねずみのレミングのように、群れを成して流行を追いかける人がいるものだ。むろん、私たちはわざと扱いにくい存在になろうとしているのではなく、独立性を貫こうとする意志が、行動に表れているに過ぎないのだ。私たちはいいクルマを作って顧客に喜ばれたい。成功も収めたい。しかし、何よりも独立独歩の存在でありたい。

私たちの姿勢は明瞭だ。流行の趨勢には従わず、独自の流れを作り上げる。長期的な目標を追求し、作り手の意志でどうにでもなる四半期報告書や、買収の噂には近づかない。私たちは唯一無二の存在なのだ。これからもその地位を保つつもりである。ポルシェは明解で柔軟性のあるビジネスのやり方を重んじている。競争で先頭に立ちたいという思いがエネルギーになって、創意溢れるアイデアを生んでいる。

私がアウトサイダーと見なされることの意味を学んだのは小学生の頃のことで、クラスメートからは変わったやつと思われていたようだ。担任の教師は急進的で、生徒たちも従っていた。といっても、髪を長く伸ばすといったレベルだが。私は少し違っていて、自分の手でお金を稼ぎたかった。固く心に決めた目標があり、自分の意見を曲げない子供だった。それだけでアウトサイダーのレッテルを貼られるには十分だ。私は喜んでその役を演じ、教師にもおそれずに立ち向かった。小学生でそんなことをすれば、いやでも目立ってしまう。

私の態度は、決まりにさからう生徒だという印象を焼きつけた。グループの一人が別の行動を取ると、周囲は反発するものだ。快適な慣習に浸っていたいのに、邪魔されるからだ。つまり慣習を破ることには二つの効用がある。人々を倦怠から目覚めさせ、次なる目標に向かってせき立てる。そして、敵が自分より大きくて強そうでも競争に勝てる。私はこの二つの効用を子供の時期に学び、今ポルシェで活用している。

世間からは〝慣習破り〟として非難されても、実は明解な考えの裏づけがあるというケースはよくある。すでに何度か紹介したが、ポルシェはライプツィヒ工場建設にあたり、州の助成金を辞退した。これを事例として説明しよう。自動車産業は資金が潤沢にあり、利益も上がっている。とりわけ私たちのような豪華車メーカーは州からの施しを請うべきではない。それ以外に何か思惑があったわけでもない。これが何かの慣習を破ったことになるだろうか。唯一思いつくのは〝表裏のある言動〟および〝矛盾した言動〟という慣習である。企業経営者や商業連合の役員が、日曜日には公共サービスや重税を理由に政府を非難するスピーチを披露したかと思うと、週日は何のやましさもない様子で自分たちに向けられた補助金を掴んでいるのは、その慣習が彼らの間でまかり通っているからだ。彼らにとっては「みんながやっているから問題ない」という慣習こそが大切なのだろう。

信頼される企業であるために、数百万ユーロの助成金を辞退すると考えただけで、ごくりと唾を飲み込んだ読者もいることだろう。あの時は同時に二つの慣習、「言動不一致のビジネス慣行に従うこと」と「社内で経営陣に期待されている行動を取ること」を破らざるを得なかった。この判断はポルシェの全社員から拍手喝采を受けたわけではない。私が目指すことと、その理由を説明するのは易しくなかった。それぞれ確たるビジネス論理をもっている、私以外のポルシェ首脳陣にとっても厳しい決断だった。

助成金辞退を公表した際、同じような状況にあるライバルが躊躇なく公共の財布から金をせしめているのを指して、若干の当てこすりを交えさせてもらった。しかし競争の場以外で評判を高めたり、皮肉を込めたプレスリリースを発表したところで、些末なことにすぎない。企業イメージとは自画自賛からできあがるのではない。それは延々と続くプロセスの先にあり、そのプロセスには（何度でも強調するが）信頼という美徳が必要なのだ。

それでは信頼はどうすれば手に入るのだろうか。良いイメージを広める好機であっても、あえてそれに乗らないことだ。その方がかえって千の言葉以上に強いメッセージを送ることができる。企業ポリシーが明解であれば、人々から是認され、社会から受け入れられる。しかし、そのポリシーを各部署が一体となり、経営陣が推進させなければ、結果には結びつかない。広報は目標を達成する手段に過ぎないのである。助成金の一件はこの好例だろう。大企業では果たしてこうした決断が支持されるのかどうかは、疑わしいものだと思う。

企業の基本理念が空虚な言葉ではないと身をもって示すことは、経営陣の大切な責務である。コスト削減や生産性の向上という合意済みの目標と同じように、企業の基本理念は社内で周知徹底されるべきである。全従業員が企業理念を受け止め、達成する義務があると感じてこそ、「あの会社は成功している」というイメージを抱いてもらえるのだ。

部外者から、ポルシェがまた慣習を破ったと攻撃されるたびに、私たちの原則を守る気持ちが健在だと私は感じている。その原則とは「考えを口に出し、公言したからには実行する」ということだ。慣習を破ってこんなに良い結果が得られることなどあるだろうか。単調な日常に波紋を起こして注目を集めるだけでなく、信用を増すという、はるかに重要な効果をもたらしてくれるのだ。

仮にあなたが箱の中でものを考えているとしよう。なるほど、自由に首を回すことはできるが、目にするのは周囲を取り囲む見慣れた壁だけだ。それでは箱の外で考えてみよう。型を破るあらゆる方法が見えてきて、改革に結びついていく。

それはコマのように回れとか、風向き次第で方向を変えるべきという意味ではない。注目されたいだけで慣習を破っても、すぐに人々の関心は他に逸れていってしまう。計画を実行に移すのは勇気が要ることだ。しかし実行することこそ、利益を生む取り組み方であると、私たちは長年の間に学んできた。とくにイメージに関しては、利益以前に、まず揺るぎない姿勢が大切である。

私が改革に着手した時も、実行が利益へと繋がった。ポルシェが日本のコンサルティング企業にアドバイスを求めた当時、社会的なイメージに及ぼす影響など、社内の誰にも考える時間はなかった。とにかく、どん底から引き上げてくれるエキスパートの力を必要としていた。前代未聞の方策を採らないことには、新しい目標も設定できず、未来に向かって帆を上げることもできない状態となっていた。私は「カイゼン」のスペシャリストの助けを仰ぐと決めた。カイゼンやリーン・プロダクションの意味を理解している企業は他にもたくさんあるだろうが、私たちは日本のエキスパートを自社の「現場」に招いた。おかげで、従業員はこれまで体験したことのない難問を突きつけられることになった。

次に何が起こるかは十分に予想できた。案の定、断固たる抵抗にぶつかり、従業員は列を作って抗議の声を上げた。これでまさしく私の目論見どおりになった。彼らは肩を揺すられて休眠状態から目を覚まし、それまでの日課は妨害され、さらに努力するようけしかけられた。ここまで根本から型が破られれば、彼らとしてもどうにも新しい方法を試さざるを得なくなった。まもなく新しいやり方が広がり始め、最初の成果が表れた。私たちは行き詰まった状態を打破することができた。

しかし、これは第一歩に過ぎなかった。長い歴史を誇るシュワーベンの自動車メーカーが、はるか極東の競合他社からアドバイスを求めたという事実をどう伝えればいいのだろう。普通なら面目に賭けても沈黙を守り、外部に漏洩しないようにするところだ。

当初、私たちもそうしたいと気持ちが傾いたのだが、慣例は必ずしも最良の方法とは限らないと考え直した。だから最初に決断を下した時と同じ、既成概念を破るやり方を通すことにした。どういうわけか、そちらの方が私の性に合っていたのだ。だから事実をありのままに伝え、決断を下した理由と、ここにいたる経緯を説明することにした。決して時間をかけて入念に練り上げた戦略ではなく、緊急事態に身体が示した反応だった。私たちには二つの選択肢があった。じっと動かずに、経営が不振なこと、ライバルに飲み込まれるまでに残された猶予はわずかになり、従業員がますます不安を募らせていることを知らせる報告を日々眺めながら過ごすというもの。もう一つの選択肢は、状況を改善するために何かをやってみることだ。

日本のエキスパートを自社の現場に入れてアドバイスを得ることは、デリケートな話題であることは重々承知していたが、世間がどう反応するか、私たちに知る術もなかった。メディアを通して伝えると間違って受け取られる危険があったが、リスクを冒す価値はあった。私たちにはこれ以上失うものは何もなかったからだ。うまくいかなかったとしたら、公表しようがしまいが〝最悪の事態〟に直面することになるのだ。

実際、すべてがうまく運んだ。一九九三年五月に『マネジャー・マガジン』誌が、ツッフェンハウゼン本社工場の状況を立て直すために、ポルシェが日本人エキスパートの助言を求めることにしたと第一報を報じるや、メディアはこぞってこの話題に飛びついた。[2]「生き残りを賭けての勝ち目のない戦い」、「依然、収益好転せず」「余命幾ばくもなしか」——暗い記事をくどくどと書き連ねていたメディアのトーンが、一転して「異彩を放つシュワーベンの自動車メーカー、型破りの方法を採用」と報じるようになっていった。人々のポルシェの見方も大きく変わり、新しいムードが従業員に驚くべき効果を及ぼし始めた。やがて各紙がこんな見出しを掲げ始めた。「ポルシェ社長ヴェンデリン・ヴィーデキング、攻勢に転じる」

先にも少し触れたが、これを入念に練った長期的戦略の結果などとは、おこがましくてとても言えない。むしろ藁をも掴むような気持ちだった。しかし目の前にあったチャンス、私はそれをがっちりとものにした。リスクを伴えば勇気が必要だ。しかし時には自分の信ずるままに実行に移すしかないこともある。

そして私たちは実行に移した。必要なことをもれなく実行する間に、いろいろなことを学び、その知識をPRとはまったく別次元の戦略へと昇華させた。「趨勢に気を取られず、姿勢を貫く」という私たちのモットーが正しかったことを、現在の成功が証明している。ここでいう成功とは、業務実績が良好なことだけを指しているのではない。ポルシェとその製品はメディアにしばしば取り上げられ、肯定的評価をいただいた。さまざまな賞を毎年のように受けており、私たちは受賞が決まるたびに驚くとともに、たいへん名誉なことだと思っている。

果たして、ポルシェは世界を代表する巨大企業ではないが、自動車産業界の巨人がうらやむ〝巨大な〟イメージを勝ち取った。これまで資本に上乗せできた金額の総計よりも、この方が私たちにとって価値が大きい。

一般の人々から高い評価を受けているからこそ、これからポルシェのオーナーになろうという人には、進んでプレミアムプライスを払おうという気持ちがある。別の見方からするとこんなことが言えると思う。国際的な自動車市場では当たり前の、共倒れに繋がる過当競争から、ポルシェは当分は無縁でいられるのだ。

この前向きなイメージを獲得するのに、私たちは何年にもわたり努力した。顧客、従業員、一般の人々の目に映るイメージを好転させる第一歩は、日本のアドバイザーによる仕事を肯定的に描くことだ。私たちの前には石ころだらけの急勾配が立ちはだかっていることは誰もが知っていた。しかしあの時、鍵を握っていたのは次の質問の答えだろう。企業としてのポルシェの核はどこにあるのか。ポルシェが象徴しているものとは何か。独立した自動車メーカーとして生き延びる価値を立証するために、何が提供できるのか。

私たちが他と違った存在であり、慣習にとらわれないことに注目を集めたかった。そのため、危機的状況にあった数年にポルシェに向けられた、地球規模の厳しい競争を生き残れるのは最大規模の企業だけで、遅かれ早かれ私たちのような小魚は業界のサメに丸呑みにされるだろうという否定論を、一般向けのPRにも取り上げた。

一九九六年にボクスターが成功裏に発表され、ポルシェが他人の助けを借りずにやっていける兆しが見えてきた。自分たちに向けられた否定論を覆し、私たちは評論家にこう告げた。巨大企業より、巧みな経営手腕を持つ企業の方が生き残る可能性がある。市場の要求に柔軟に対応できるからである。規模そのものが唯一の決定要素なら、地球上を今でも恐竜が歩き回っているはずだと。

その頃、自動車業界では、合併で生まれた巨大グループが苦況に晒されているのは周知の事実となっており、それを尻目に、小さな田舎町にぽつりと存在するポルシェは、毎年続けて良好な年次報告書を発行していた。これに力を得た私たちは一般に向けてこの話題を続けて取り上げることにし、少年ダビデと巨人ゴリアーテの戦いに自分たちの姿をなぞらえた。一般大衆がこのアンフェアな戦いで判官贔屓したのは容易に想像できる。

その後まもなくポルシェは成功したブランドとしてのステータスを取り戻した。数年前ポルシェ滅亡の予言をした者の声は、もう聞こえて来なくなった。〝ニッチ・マニュファクチャラー〟はこれら評論家の言ったことは誤りであったと証明したのだ。地球規模の自動車生産グループ、ダイムラー・クライスラーのユルゲン・シュレンプは、これまでの予言を訂正し、あるインタビューでこんな発言をしている。「世界中で生き残れる自動車メーカーは六社だろう。いや正確に言うと六社プラス、ポルシェだ」

ツッフェンハウゼンの小さな企業は、経済界を支配したロジック、地球規模の成功とは企業の規模であると短絡的に結びつけた理論を打ち破った。私たちは〝ダビデの原則〟を発見し、後にポルシェの発案で生まれた本のタイトルにもなった。『ダビデ・プリンシプル』は一流の作家、政治家、スポーツ関係者、実業家が〝スモール対ラージ〟というテーマで一文を寄せたアンソロジーだ。[3]

この原則は一般の人々から是認され、社会から受け入れられることを目的としたポルシェのPR活動の核となっている。以降、〝ダビデ対ゴリアーテ〟の構図は、ポルシェが継続的に存在することと密接につながり合ったモチーフになっている。この世に敵などないと信じ込んだ恐竜が、なにもかも踏みつぶそうしても、そうはいかないという、実に心強いモチーフだ。経営アナリストのシュテファニー・ヴィンターは著書『ポルシェ・メソッド』の中で、「この種の企業を創成し、存続させることとは、現代の観点からすれば壮挙というべきである」[4]と記している。

こうしてポルシェの方向転換は完了し、財政的にも外に向けてのメッセージ性の点からも明らかな成功を収めた。しかし成功というのは、静的状態ではなく、動的プロセスである。株式市場では特にこの事実が強調される。株式会社とは毎年毎年、平均を上回る率で売り上げを伸ばす成長をして、初めて成功と認められるのだ。しかもこれだけでは株価を大幅に上げるには十分ではない。アナリストや投資家は、企業がいかに発展すべきかの理想像（必ずしも合理的思考の産物ではない）を抱いている。ここから一つのシナリオ、あるいはSF小説と呼ぶべきものが生まれる。その小説の最終章で主人公、この場合は企業あるいは最高経営責任者が、周囲からあがめ立てられるヒーローとして描かれ、「それからみんな、幸福に暮らしました」という結末が描かれている場合に限って、彼らは株を推薦し、購入するのである。

しかし最新の業績が、アナリストや投資家の予想を少しでも下回っていたら、何が起こるだろう。先ほど述べたように経営陣は、一般の人々や金融界の期待を満たしただけでは、十分とはいえない。メディアと株式市場は予想もしない良い知らせと、未来に向けて自分たちが描いた空想を膨らませて欲しいと求める。その要求に応えて、ようやく企業の成功は、その実力に見合ったかたちで認められるのであり、経済紙の評論コラムで相応の賞賛を得ることができる。

こう考えてくると私たちは再び四半期報告書に引き戻される。ドイツの証券取引所はこれを必要不可欠とするが、あれが必要だとは認めていない最高経営責任者が何人もいることを私は知っている。しかし声をひそめても、四半期報告書に対する批判が第三者の耳に達したら、どう解釈されるかわかったものではない。あそこは証券取引所が必要とする報告書を出したがらない、そんな理由で上場している市場から追い払われてはかなわないからだ。

しかし、ポルシェは四半期報告書の提出をきっぱりと断わり、その結果M‐Daxの上場企業リストからはずされても構わないし、四半期報告書なしには上場できないシステムには承服できないと、堂々と意思表示した。ドイッチェ・ベルセAG（ドイツ証券取引所株式会社）とラブレターを交換することも、閉じたドアの向こうで交渉に入ることもしなかった。こんな企業はポルシェだけだ。こうした一連のアクションを通して、私たちが四半期報告書を提出しないのには立派な理由があると、一般の人々に向かってアピールしたのである。

理論に従ったが、決して楽な決断ではなかった。我を通す限り、ポルシェの株価は急降下するだろう、アナリストは声を揃えてそう予測したものだ。私たちも一時は周囲の声に従おうかと迷ったのだが、社内からあくまで自社ポリシーを貫くべきとの意見が上がった。この決断が広く知られるようになると、メディアは私たちを総叩きにし、世界中で「ポルシェ対ドイツ証券取引所」の記事が誌面をにぎわせた。四半期報告書の件はこれまで真剣に検証されたことがなかったゆえに、ドイツばかりか遠くアメリカの日刊紙の第一面やビジネス誌の表紙を飾った。

M‐Daxの上場企業リストからは追い出されたが、一般の人々から支持を得て、最後に勝ったのはポルシェだった。あれだけ物議を醸したのにもかかわらず、株価に悪い影響はなかった。まもなく社内に満足感が満ちていくのに私は気づいた。四半期報告書を巡って私たちを非難する記事が新聞のビジネス欄を盛んににぎわせたが、もし周囲の声に屈して三か月に一度数字を発表していたら、こんなに新聞に取り上げられることもなかっただろう。

同じように、VWへの経営参画を発表してメディアから注目を浴びたことも不本意とは思わなかった。ビジネス・経済専門のニュースメディアはこぞってこの動きを報じたが、好意的な評論ばかりではなかった。とりわけ英米の論評は辛辣だったが、それは主として〝慣習を破った〟私たちの無謀な行為に向けられたものだった。しかしそれ以外の国のエキスパートの大半は、長年続いた既成概念をポルシェが破ろうとしていると感じたようだ。ドイツにはこんな詩の一節がある。「起きてはならないことが起きるはずがない」

私たちはただ、自分たちの原則に従って行動し、生産モデルにもっともよい方策を採っただけである。ポルシェという企業が持つ本来の強みに集中し、パートナー企業と協力して、無駄がなく、柔軟性に富んだ経営によって利益を生み、何よりも独立性を保ちつづける。これまで何年もやってきて、これからも続けていく姿勢である。

助成金を辞退し、四半期報告書の提出を拒んだことで、自らに高い水準を課したことも自覚している。独自の途を辿ることにより、その水準を保っていくように、人々から期待されている。

人々に「ポルシェの成功はできすぎで眉唾物だ」という印象を植えつけることなく、長年にわたってこの期待に応えていくことは、大いに努力を要する戦略上の難題だ。事実かどうかは読者の判断に任せるが、サクセスストーリーはそれぞれに破滅の種を内に含んでいるものである。成功に恵まれた人が厳に慎むべきは、足を机に載せてリラックスすることだ。成功した人も企業も、常に世間の注目を浴びている。しかしスポットライトから一歩外れた影には、嫉妬に駆られた連中が潜んでいて、ヒーローがミスを犯すのを虎視眈々と伺っている。

何年も前向きな発表を続けてきた企業の勢いにかげりが見え始めた時、メディアは情け容赦ない。一つ動きを間違えれば、有罪宣告の見出しが誌面に載る。社会から受け入れられ、信頼を勝ち取ることはコインの片面に過ぎない。この信頼が広く社会全般に行き渡るように配慮して初めてもう片面ができあがる。当然ながらこの点で、小さな企業は巨大グループより一層の努力を強いられる。市場の隙間に製品を提供する、ポルシェのようなピッコロ奏者が、メディアという巨大なオーケストラを指揮できるのだろうか。

人は珍しい話には聞き耳を立てるものだ。ある事柄を巡って意見の衝突があれば、耳目を集める絶好のきっかけとなり、広く興味を持たれている話題なら、一層注目を集める。しかし当事者の一方が自分の会社なら、是が非でも守勢ではなく優勢な立場に立っていなければならない。十分な論拠を用意し、必要なら世論を一歩一歩引き寄せていく。

ポルシェのPR活動において意見の衝突は重要な役割を果たし、前向きなイメージを構築する決定力となっている。私たちは問題によっては、時勢に逆らっても、相手と正面から衝突する用意がある。ポルシェはこのようにして際立った個性を手にしているのである。

私たちにはメディアに喜んでもらえそうな興味深い逸話もある（いや、論争の火種になるような話ではない）。大半のオーナーにとって直接興味の対象ではないかもしれないが、作家のフランツ・カフカに関するものはポルシェにとってお気に入りの話題だ。この作家にご執心のアンティーク商が、カフカの書斎を元の通りに建て直し、それを買い取った私たちはプラハのカフカ協会に寄贈した。おかげでなじみの薄かった新聞の文芸欄に何度も取り上げられることになった。

オーストリアの傑出した俳優、クラウス・マリア・ブランダウアーは『ダビデ・プリンシプル』の公開朗読会のため、ドイツ国内を講演した。朗読会は六か所のポルシェ・センターで行われ、文化に興味のある数千人の人々が初めてポルシェに接触する機会になった。

ライプツィヒのニコライ教会にはラデガストが製作した有名なオルガンがある。ポルシェが資金援助をしただけでなく、ポルシェのエンジニアが力を貸して、このオルガンをレストアした。〝私たちの〟オルガンをこの目で見てその音を堪能したい、という訪問者で満員の特別列車がライプツィヒまで運行した。一九八九年にライプツィヒから始まり、ドイツ再統合に結びついた非暴力集会、「月曜デモンストレーション」のリーダーだったニコライ教会のクリスティアン・フューラー牧師が、同教会にてポルシェの善き行いを聴衆に伝えた。

こうした活動によりポルシェブランドの知名度も評価も高めることができた。それでは前向きなイメージを長期的な強みに変えるにはどうすればいいのだろうか。ここでは検討すべきいくつか基本的な項目がある。

- 危機の兆候がないか、常に見張り、世の風潮を入念にチェックすること。ただしその風潮に歩調を合わせる必要はない。
- 必要とあれば率直に討論する心構えを持つこと。会社の利益になる立場を明確にすること。
- PRのメッセージは業務に反映されねばならない。さもないと信用に傷がつく。
- アイデア、コンセプトには、長期的な戦略となる特質を備えていること。行動そのものを目的としてはならない。企業の意図は、顧客だけでなくすべての社会グループに容易に理解できる内容であること。

私たちは日々の仕事に精を出している。イメージランキングのトップに永遠に導いてくれる定期券などない。今、成功していても永遠に前に進める秘密が見つかるわけでもない。

それを知っているから、ただ目の前の仕事を粛々と始めるだけのことである。一回成功するたびに、バーの高さは一センチ、二センチと上がり、高く跳躍するほど着地のショックは大きくなる。だから謙虚さも身につけた。空に向かって手をさしのべながらも、両足はしっかり大地を踏まえる。それは決して易しいことではない。

一方で、私たちはこの一〇年間の成果が、単に運が良かったからではないと、現実的に受け止めている。成果を上げられたのは、自らの基本的な姿勢によるものであり、それを望んだからである。自分の目標に強い信念があれば、それに向かって邁進しなければと感じるものだ。しかしこういう考えは、グローバル化してしまった世界では〝異端〟と受け止められる。グローバル化してしまった世界では、原則とか社会一般に認められる価値といったものの重要性はますます薄れ、次はどちらへ曲がるのか誰もわからず、利己主義が支配している。

人々は、進むべき方向を、真実を伝える状況分析を、明解に定義された目標を、勇気ある決断を求めている。この点については政治に関わる章で詳しく述べた。これはビジネスにも社会全般にも当てはまるものだ。したがって、企業オーナー、経営陣、政治家、消費者、有権者、そして国民全員に、一律に等しく明瞭に示されるべきである。大変革が起こりそうな現在、今列挙したことは一層重大な必要性を持つ。ポルシェはこのことを厳しかった一九九〇年代に学んだ。社会が今の状況に直面して数年が経つが、予見できる限りにおいて、これからも状況に大きな変化はなさそうである。

アメリカの社会学者リチャード・セネットは次のように書いている。「マルクスの時代から、資本主義で唯一連綿と生きている価値基準は〝経済の不安定〟であるように思われる。市場の混乱、投資家が踊る狂乱のダンス、急激な物価の上昇、ビジネスの衰亡、少しでもましな仕事を求める人間の大移動――一九世紀の資本主義が生んだエネルギーから私たちが思い描くのはこんなイメージである。そして迎えた今日、地球規模に広まった生産拠点、市場、金融サービス、新たなテクノロジーが相まって、資本主義は相変わらず不安定なエネルギーに充ち満ちているようだ[5]」

物事が大きく変わっている現在、政財界のエリートが果たすべき責務は、人々に指針を示すことだ。ポルシェは、ささやかなスケールではあるが、企業としての姿勢と行動によって、人的な要求には応えることができたと思う。私を始めとするポルシェの経営陣は人々に手を差し伸べて、彼らに会社を信じて大丈夫だという気持ちを呼び起こすことができた。模範例として他の企業の役に立つと思うし、政治家諸氏にも参考にして欲しいと思う。前にも触れたように、私はポルシェの経験を残らずここでお話ししたわけではない。何から何までそっくり真似しようとするところが、きっと出てくるだろうという気がするからだ。私たちのやったことを自慢するのは本意ではないからでもある。そんなことより、私たちの前に立ちはだかっている重要な責務を認識して欲しい、むしろ本書を通してそうお願いしたいと思う。

　こうした言葉を綴るに当たり、私はピューリッツァー賞を受賞したアメリカのジャーナリスト、ハーバート・ベイヤード・スウォープの言葉を心に留めている。

「君に成功への処方箋をあげることは僕にはできない。でも必ず失敗する方法だったら教えてあげられる。誰もかれも喜ばそうとすることだ」

ポルシェは現代のドイツで成功を収める方法を示す一つの例で、それ以上でも以下でもありません。

では例は一つしかないのでしょうか。いや、他にも数多くあります。大方の人が考えているより成功例はたくさんあるのです。

ポルシェはあくまで一つの例であって、ガイドブックでもなければ、製法特許の薬でもありません――第一、ビジネスの世界にそんなものは存在しないのです。

そんなことを頭に入れつつ、私たちが学んだ教訓のいくつかを手短に振り返ってみましょう。この教訓を学ぶのに、私たちは少なからぬ代価を支払ったのですが、ようやく広く当てはまる言葉で体系化することができました。

- 株価は企業の成功を示す指針にはならない。株式市場が示す判断は重要ではあるが、これがすべてではない。四半期報告書のたぐいにとらわれると、ついものごとを短期的に見てしまう。これは危険だ。

- コスト削減以外に手段を持たぬものには何も残らないし、誰も残らない。そうなれば商品を作ることも、売ることもできなくなる。
- 仕事に打ち込み、会社に忠実で、身を粉にして働く従業員がいなければ、企業は成り立たない。「途上国並みの給与水準で満足してもらうしかない」――企業側が年中そんなことを口にしていたら、会社に尽くそうという従業員など定着するはずがない。
- 生産拠点としてのドイツは常にあざけりの種になっている。そのあざけりこそ批判されるべきだ。開発途上国と正面から価格競争して勝ち目がないことは言われるまでもない。重要なのはどれだけ安いかではなく、どれだけ優れているかである。ここで重要なのは、この国で働くものが生む創造的なエネルギーだ。グローバリゼーションの嵐よ、猛り狂うがいい。その風を受けて私たちの帆もいっぱいに膨らむだろう。
- 創造的なエネルギーを解き放つためには慣習をいくつか破る必要がある。ポルシェのモットーは「フレッシュな考え、フレッシュなアプローチ」だ。

- 誰も傷つけないように気を遣いながら、道の真ん中から外れないように歩く――これも一つの方法かもしれないが、正しい解決策ではない（ドイツの大連立政権に失望した有権者のつぶやきに聞こえたとしても、私はあえて否定しません）。

本書の冒頭、私にはポルシェの最高経営責任者として、果たすべき任務があるにもかかわらず、時間を割いてこの本の執筆に取りかかった理由を説明しました。企業というのは最高経営責任者ひとりが引っ張るのではなく、その周囲にひたむきに仕事に打ち込むチームがあって、初めて前に進むものです。同じことが一冊の本を書き上げるのにも当てはまるようです。日々の業務のかたわら、この〝副産物〟を完成できたのは、次の各位の協力のおかげです。ライナー・フーペ、マルティン・ホーネッカー、アントン・フンガー、そしてパイパー出版社のヴォルフガング・フェルホルとウールリッヒ・ヴァンクの各氏にここにお礼を申し上げます。実のところ、私はポルシェの従業員全員に感謝の言葉を述べたいと思っています。皆、しばしば自らを後回しにして、ポルシェが必要としていた変革を推進し、責任を私とともに背負ってくれました。私がポルシェの最高経営責任者に就いて一五年になりますが、その間、さまざまな人から簡潔なメッセージを頂戴しました。そうしたメッセージを、広く社外の人たちにもお伝えすべきだとかねがね感じていました。ただし執筆に当たっては説教じみた本にはしないよう努めたつもりです。もちろん、ここに記したことが永遠に有効であろうなどとは考えていませんし、それどころか今すぐにも修正が必要と感じて下さったなら、遠慮なくその旨を発言していただきたいと思います。

それでは最後に、ビジネスの世界からはあまり人気のなかったこの人の言葉で締めくくりましょう。

『何もないところからは何も生まれない。だから何か一事を成そうと欲するのであれば、おのれの力をよく考え、時代ごとに新たな回答が求められること、時流に遅れてはならないことを念頭に置きたまえ』（ヴィリー・ブラント）

（ポルシェ、VW 株の 20%を取得予定）2005 年 9 月 26 日
5　4 に同じ , “Porsche's VW stake raises key question.”（ポルシェの VW 株、大きな問題を提起）
6　*Frankfurter Allgemeine Sonntagszeitung*, “Die Sehnsucht nach dem Autokombinat”,
（車製造に協力姿勢を望む）2005 年 10 月 2 日
7　*Manager Magazin*, “Ich habe nie den Diktator gespielt”（独裁者を演じたことはない）,
1988 年 8 号
8　James P. Womack, Daniel T. Jones, *Auf dem Weg zum perfekten Unternehmen*,
Campus Verlag 刊
9　8 に同じ
10　James P. Womack, Daniel T. Jones, Daniel Roos, *Die zwite Revolution in der Autoindustrie*,
Campus Verlag 刊
11　*Der Spiegel*, “Wer bellt, muss auch beißen”,（吠える犬は噛みつくと思え）1993 年 43 号
12　*Manager Magagin*, “Zeit der Samurai”,（サムライの時代）1994 年 1 号
13　James P. Womack, Daniel T. Jones, *Auf dem Weg zum perfekten Unternehmen,*
Campus Verlag 刊
14　12 に同じ
15　12 に同じ
16　*Süddeutsche Zeitung*, “Beifall für die Löwennummer.”（ライオン使いに拍手）2002 年 7 月 6 日
17　富永　実 著 , *Aufbruch in die Wagnisrepublik*, Econ Verlag 刊
18　*Der Spiegel*, “Zurück zu den Wurzeln.”（ルーツに帰る）1993 年 2 号

第七章　箱から飛び出せ

1　*Manager Magazin*, “Imageprofile 2006.”（イメージプロファイル、2006）2006 年 2 号
2　*Manager Magazin*, “Die fünfzehn Samurai.”（15 人のサムライ）1993 年 6 号
3　Wendelin Wiedeking, *Das Davidprinzip. Macht und Ohnmacht der Kleinen*,
Verlag Wagenbach 刊
4　Stefanie Winter, *Die Porsche-Methode*, Ueberreuter 刊
5　Richard Sennett, Die Kultur des neuen Kapitalismus, Berlin Verlag 刊
日本語版『不安な経済／漂流する個人――新しい資本主義の労働・消費文化』（大月書店）

6 St. Galler Beiträge zur Wirtschaftsethik Nr.35, "*Die soziale Verantwortung der Wirtschaft. Was Bürger von Unternehmen erwarten*"（経済の社会的責任 市民が企業から期待すること）
7 Wilhelm Heitmeyer (Hrsg.), *Deutsche Zustände*, Folge 4, Suhrkamp Verlag 刊
8 Johannes Rau, "*Vertrauen in Deutschland - eine Ermutigung*"（ドイツの自信――ひとつの勇気づけ）"2004年5月12日ベルリンでの講演から
9 *Stern*, "Neue Sehnsucht nach Werten",（バリューへの新たなあこがれ）2005年46号
10 *Die Zeit*. "Deutschland vom Pessimismus befreien pessimism "（ドイツをペシミズムから解放する）2004年13号

第五章　なぜ政治は手をこまねいているのか

1 Henrik Müller, *Wirtschaftsfaktor Patriotismus. Vaterlandsliebe in Zeiten der Globalisierung*, Eichborn Verlag 刊
2 *Financial Times Deutschland*, "Steinbrück trägt SPD-Kursnur teilweise"（シュタインブリュック、社会民主党の方針を一部支持）2006年4月25日
3 Institut der deutschen Wirtschaft, *Vision Deutschland - Der Wohlstand hat Zukunft*, Deutscher Instituts-Verlag 刊
4 Institut für Weltwirtschaft, "Der Kieler Subventionsbericht: Grundlagen, Ergebnisse, Schlussfolgerungen"（助成金に関するキール・レポート）, Kieler Diskussionsbeiträge 2006年2月423号
5 Peer Steinbrück, "Tragfähigkeit der öffentlichen Finanzen sichern - Zukunftsfähigkeit Deutschlands wahren"（財政の荷重負担能力を保護する―ドイツの未来への能力を確実に）ドイツ議会での施政方針演説に関する講演 2005年12月1日
6 Institut der deutschen Wirtschaft, *Vision Deutschland - Der Wohlstand hat Zukunft*, Deutscher Instituts-Verlag 刊
7 *OECD in Figures*, 2005年版
8 7に同じ
9 Institut der deutschen Wirtschaft, "Spießrutenlauf für Gründer", iwd, 2004年4月22日17号
10 9に同じ

第六章　一例としてのポルシェ

1 *Die Welt*, "Auto-Coup missfällt Börse"（株式市場、自動車メーカーの大成功に不満の意）2005年9月27日
2 *Financial Times DeutschLand*, "Anleger strafen Porsche ab"（投資家、ポルシェを罰する）2005年9月27日
3 *The Wallstreet Journal Europe*, "German Solution for VW?"（VWにドイツ流の解決策か？）2005年9月27日
4 *Financial Times*, "Porsche plans to acquire 20% stake in VW"

10 *Frankfurter Allgemeine Sonntagszeitung*, “Mit dem Geld fremder Leute”
（赤の他人のお金で）2005 年 8 月 14 日
11 *manager-magazin.de*, “Perpetuierung falscher Corporate Governance”
（誤ったコーポレート・ガバナンスは消えない）2002 年 10 月 14 日
12 *manager-magazin.de*, “Von Opportunisten und Wendehälsen”（日和見主義者と裏切り者）
2002 年 12 月 30 日
13 Thorstein Veblen, *Theorie der feinen Leute*, Verlag Fischer Wissenschaft 刊
日本語版『有閑階級の理論―制度の進化に関する経済学的研究』（ちくま学芸文庫）

第三章　珍しい鳥

1 Deutschlandradio 2006 年 , “Deutschlands ältestes Familienunternehmencompany”
（ドイツ最古の同族企業）
2 *Financial Times Deutschland*, “Familienunternehmen erleben Renaissance”
（復活した同族企業）2006 年 3 月 17 日
3 Andrea Colli, *The History of Family Business 1850-2000*, Cambridge University Press 刊
4 *manager-magazin.de*, “Die Jobmacher”（仕事職人）1.04.2005.
5 *Brand Eins*, “Die Perfektion des Banalen”（平凡さの完璧）2003 年 9 号
6 *manager-magazin.de*, “Der Schraubenkönig”（ネジの大立て者）2004 年 1 月 8 日
7 *Der Spiegel*, “Wir leben im Schlaraffenland”（私たちは逸楽郷に住んでいる）2005 年 33 号
8 *Brand Eins*, “Das Erbstück”（世襲財産）2004 年 2 号
9 8 に同じ
10 *manager-magazin.de*, “Licht ist Trumpf”（光は切り札）2003 年 11 月 19 日
11 Fritz B. Simon, Rudolf Wimmer, Torsten Groth, *Mehr-Generationen-Familienunternehmen. Erfolgsgeheimnisse von Oetker, Merck, Haniel u.a.*, Carl Auer Verlag 刊
12 Lord Ralf Dahrendorf, “Wie sozial kann die Soziale Marktwirtschaft sein?”
（社会はどのように社会市場経済となるか）Institut der deutschen Wirtschaft,
2005 年 フォーラム 1 号
13 *Kommunikationsmanager*, “Business Mission”（職務）, 2006 年 3 月

第四章　進むべき道を示す価値とは

1 *Cicero*, “Seid liberal, nicht neoliberal”, (ネオリベラルではなくリベラルであれ）2005 年 5 号
2 *Die Zeit*, “Das Gesetz des Dschungels”（ジャングルの法）2003 年 50 号
3 *Cicero*, “Diktatur der Manager”（企業経営者の独裁権）2005 年 3 号
4 John Kenneth Galbraith, Die solidarische Gesellschaft, Hoffmann und Campe Verlag 刊
日本語版『よい世の中』（日本能率協会マネジメントセンター）
5 *Die Zeit*, “Wahnsinnige Gewinne”（無法の利益）2005 年 49 号

参考文献

第一章　胸を張って進め

1　*Financial Times*, "Porsche plans to acquire 20 % stake in VW"
（ポルシェ、VW 株の 20%を取得予定）2005 年 9 月 26 日
2　*Financial Times Deutschland*, "Investmentfonds greift Volks wagen an"
（投資ファンド、VW を攻撃）2005 年 12 月 2 日
3　*Die Woche*, "Keine Mark für die Autoindustrie"
（自動車産業には 1 マルクもない）1999 年 2 月 26 日
4　Eberhard von Kuenheim, 自動車界の殿堂入りを果たした時のデトロイトでのスピーチ
2004 年 10 月
5　*Frankfurter Allgemeine Zeitung*, "Wir haben das Geld für die wirklich sozialen Bedürfnisse"（社会が必要としている金を私たちは持っている）2004 年 11 月 18 日
6　Richard Sennett, *Die Kultur des neuen Kapitalismus*, Berlin Verlag 刊、
日本語版『不安な経済／漂流する個人――新しい資本主義の労働・消費文化』（大月書店）
7　パリにて *Investor Relation Magazine* 誌と *Wall Street Journal Europe* 紙より受賞。
2001 年 10 月 29 日

第二章　ひったくりと冷笑家

1　*Frankfurter Allgemeine Zeitung*, "Die unterschätzte Unternehmenskultur"
（過小評価されている企業カルチャー）2005 年 8 月 8 日
2　Günter Ogger, *Die Ego-AG. Überleben in der Betrüger-Wirt-schaft*, Verlag C. Bertelsmann 刊
3　*Frankfurter Allgemeine Sonntagszeitung*, "Angst essen Aufschwung auf"
（恐怖が回復を食べ尽くす）2002 年 8 月 4 日
4　*Frankfurter Allgemeine Zeitung*, "Bilanzskandal trifft 85000 Familien"
（経理スキャンダル 8 万 5000 世帯に打撃）2004 年 1 月 28 日
5　*manager-magazin.de*, "Die Chronik einer Kapitalvernichtung"（破壊された資本の年代記）
2003 年 6 月 1 日
6　*Frankfurter Allgemeine Zeitung*, "Vorgezogene Umsätze, ein Geständnis und ein Widerruf"
（提出された売り上げ、自白、そして撤回）2002 年 11 月 15 日
7　*manager-magazin.de*, "Die Kleinanleger sind nichts als Kanonenfutter"
（消耗品の兵士に過ぎない小口投資家）2001 年 3 月 2 日
8　*Manager Magazin*, "Mehr Schein als Sein"（中身より外見）2002 年 5 号
9　Alfred Rappaport, *Shareholder Value*, Verlag Schäffer-Poeschel 刊
日本語版『株式公開と経営戦略　株主利益法の応用 』（東洋経済新報社）

逆転《ぎゃくてん》の経営《けいえい》戦略《せんりゃく》　株価《かぶか》至上《しじょう》主義《しゅぎ》を疑《うたが》え

2008年11月25日発行

原題　ANDERS IST BESSER
- Ein Versuch über neue Wege in Wirtschaft und Politik
著者　Wendelin Wiedeking
訳者　相原俊樹（あいはら としき）
発行者　黒須雪子
発行所　株式会社 二玄社
東京都千代田区神田神保町2-2　〒101-8419
営業部　東京都文京区本駒込6-2-1　〒113-0021
電話 03-5395-0511
URL　http://www.nigensha.co.jp/
印刷　株式会社　シナノ
製本　株式会社　越後堂製本

ISBN　978-4-544-06001-0